Cal Pierce

Den Weg bereiten

CAL PIERCE

Den Weg bereiten

EINE VISION FÜR HEILUNGSRÄUME

Die packende Geschichte der Wiedereröffnung
der Heilungsräume von John G. Lake

GLORYWORLD-MEDIEN

1. Auflage 2002

Die Originalausgabe erschien unter dem Titel „Preparing the Way“
bei McDougal Publishing, Hagerstown, MD, USA (www.mcdougalpublishing.com)

Bibelzitate sind, falls nicht anders gekennzeichnet, der Luther Bibel,
Revidierte Fassung von 1984 entnommen. Weitere Bibelübersetzungen:
Die Bibelzitate aus der Elberfelder Bibel, Revidierte Fassung von 1985
sind mit *Elberfelder Übersetzung 1985* gekennzeichnet.

Das Buch folgt den Regeln der Deutschen Rechtschreibreform. Die Bibelzitate wurden
diesen Rechtschreibregeln angepasst.

Übersetzung: Tina Pompe / Manfred Mayer
Covermotiv: Hans Peter Stierle, Eberdingen (www.hpstierle.de)
Covergestaltung: Claudia Dewald, Campus für Christus, Gießen
Druck: Schönbach-Druck GmbH, Erzhausen

ISBN: 3-936322-04-X

Printed in Germany

Bestellnummer: 359204

Erhältlich bei:

GloryWorld-Medien
Manfred Mayer
Angerstr. 18 A
D-82194 Gröbenzell
Tel. +49 (0)8142-597974; Fax: +49 (0)8142-597976
oder +49 (0)700-AUFLEBEN (+49 (0)700-28353236)
E-Mail: info@gloryworld.de
www.gloryworld.de

oder in jeder Buchhandlung

Dadurch, dass die Brunnen der heilenden Gegenwart Gottes wieder ausgegraben wurden, öffnete sich eine strategische Türe, die das Wirken des Geistes Gottes weltweit beeinflussen wird. Es wird ein reiner Strom von Zeichen und Wundern werden, der den Herrn Jesus Christus verherrlichen wird.

Jim W. Goll, Ministry to the Nations

Die Wiedereröffnung der Heilungsräume von Spokane hat mit den Weg geebnet für das, was zur größten Heilungserweckung der Geschichte führen könnte. Dieses Buch zu lesen ist ein absolutes Muss.

Bill Johnson, Bethel Church

Als jemand, der selbst auf wunderbare Weise geheilt wurde, glaube ich, dass die Liebe und Vision der Heilungsräume in den Plänen Gottes heute eine wesentliche Rolle spielen. Wenn wir im Westen und in der übrigen Welt das Reich Gottes wirklich erleben wollen, müssen wir diese Vision aktiv unterstützen.

Mickey Robinson, Seagate Ministries

Die Heilungsräume von John G. Lake bezeugen mit am deutlichsten, wie prophetische Fürbitte die alten Brunnen der Erweckung wieder zum Sprudeln bringen kann. Was Cal Pierce dabei erlebte, ist eine gewaltige Ermutigung für alle, die das Bundeserbe der Glaubensväter einnehmen wollen.

Lou Engle, Co-Pastor, Harvest Rock Church

Für unseren Sohn David,
der jetzt beim Herrn ist.
Durch ihn wurde unser Herz entzündet,
Gott mit einer Leidenschaft nachzufolgen,
die die Welt verändern kann.

Inhalt

Vorwort zur deutschen Ausgabe

Stärker als alle Armeen dieser Welt ist eine Idee, deren Zeit gekommen ist.

Victor Hugo

Heilungen gibt es seit biblischen Zeiten. Heilungsräume dagegen sind neueren Datums. Den ersten Heilungsraum eröffnete John G. Lake Anfang des 20. Jahrhunderts in Spokane/USA. Er und seine Assistenten mieteten einen Raum an, in dem sie für die Kranken beteten. Innerhalb von fünf Jahren wurden über 100.000 Heilungen dokumentiert. Die Regierung der Vereinigten Staaten ernannte Spokane damals zur gesündesten Stadt der Welt. Seitdem wurden Heilungsräume auch in anderen Städten der Welt eröffnet.

Cal Pierce hat die Heilungsräume wiedereröffnet und multipliziert das Konzept weltweit. Cal überzeugt als Mensch durch Bescheidenheit und Liebe. Er hat verstanden, dass nur der, der die Herzen bewegt, die Welt bewegt.

Heilungsräume sind Orte, an denen der christlichen Tradition verpflichtete Menschen für die körperliche und geistige Gesundung der Besucher beten. Dabei ist die Religionszugehörigkeit der Besucher völlig unerheblich – im Vordergrund steht einzig und allein die Unterstützung des Heilungsprozesses der angezeigten Beschwerden oder Krankheiten. Gerade als Ergänzung der wichtigen medizinischen Behandlung kann der Besuch eines Heilungsraumes große Erfolge bringen.

Healing Rooms Deutschland
Martina Hanheiser
www.healingrooms.de

Vorwort

Cal Pierce begegnete ich zum ersten Mal, als Pastor Bill Johnson und ich vor einigen Jahren eingeladen waren, auf einer Konferenz anlässlich der Einweihung der Heilungsräume in Spokane mitzuwirken. Schon damals waren mir einige der Ereignisse, über die im vorliegenden Buch berichtet werden, zu Ohren gekommen. Ich hörte mit Begeisterung, wie klar Cal von Gott geführt worden war, die Heilungsräume von John Lake wieder zu eröffnen, und es war begeisternd, diese Geschichte dann in diesem wunderbaren Buch nachlesen zu können. Ich glaube, dass Gott Cal gebraucht, um die Kirche im Westen mit einem unüberhörbaren Weckruf aufzurütteln, damit sie endlich den Auftrag wahrnimmt, zu dem uns Jesus im Missionsbefehl aufruft. Zu diesem Auftrag gehört eindeutig auch der Heilungsdienst durch die Gemeinde. Matthäus 28,18-20 ist sicherlich auch eine Rückblende auf Matthäus 10,7-8 und schließt das dort Gesagte mit ein.

Nur wenige Tage, bevor ich dieses Manuskript las, war Cal in meiner Gemeinde, der Vineyard Christian Fellowship von St. Louis, zu Gast. Ich gestehe, dass Teile seiner Lehre auch für meine Frau und mich eine große Herausforderung darstellten, aber wir waren davon überzeugt, dass es eine gute Herausforderung war. Auch wir waren, was den Heilungsdienst angeht, in eine passive Haltung zurückgefallen. Gerade wenn man bedenkt, dass Heilung in meinem eigenen Dienst wahrscheinlich die Hauptrolle spielt, gewinnt die Aussage, dass Cal mich herausgefordert hat, noch zusätzlich an Bedeutung.

Ich dachte zwar, dass seine Lehre einige seelsorgerische Fragen aufwerfen würde (insbesondere, falls man sie nicht richtig anwendet), versuchte aber nicht, das Gesagte abzuschwächen. Ich glaubte bereits damals, dass seine Erkenntnisse biblisch waren, und schätzte ganz besonders, dass er betonte, wir müssten so lange im Gebet ausharren, bis eine Heilung offenbar wird. Ich stimmte auch darin mit ihm überein, dass die Bibel Heilung als einen Teil der Sühnetat Jesu lehrt.

Es ist sehr bezeichnend, dass fast alle Männer und Frauen, die der Herr in der Vergangenheit mächtig im Heilungsdienst gebrauchte, dieser Meinung waren. Schon vor langer Zeit entdeckte ich, dass meine Gründe, diese Ansicht früher abzulehnen, mit persönlichen Erfahrungen zu tun hatten, aber nicht biblisch begründet waren. Es war beim Lesen des Buches *Christus unser Heiler* von F.F. Bosworth, dass ich erkannte, dass meine Einstellung nicht biblisch war. Seitdem halte ich an der Überzeugung fest, dass Heilung wirklich ein Teil der Sühnetat Jesu ist. Und nun half Cal mir dabei, einige der restlichen Ungereimtheiten in der Praxis meiner Theologie zu erkennen.

Als Cal und sein Team in meiner Gemeinde dienten, erlebten zwei Frauen, die lange Jahre an Fibromyalgie gelitten hatten, eine umfassende Heilung. Für beide war in der Vergangenheit schon oft gebetet worden, ohne dass sie geheilt worden wären.

Beide Frauen waren durch ihre Krankheit in ihrem täglichen Leben ziemlich eingeschränkt und litten unter den bei dieser Krankheit üblichen chronischen Schmerzen. Eine von ihnen konnte noch nicht einmal unsere Anbetungsgottesdienste besuchen, weil ihr die Schallwellen so intensive Schmerzen bereiteten, dass sie jedes Mal zwei Tage benötigte, um sich davon zu erholen.

Als sie am darauf folgenden Sonntag dann beide aufstanden, um von ihrer Heilung Zeugnis zu geben, freuten sich alle unsere Leute mit ihnen. Der Chiropraktiker der einen Frau, bei dem auch andere Mitglieder unserer Gemeinde in Behandlung sind, war begeistert von den Veränderungen in ihrem Körper und verordnete ihr, regelmäßig für sich beten zu lassen, da es ja ganz offensichtlich Wirkung zeigte.

Cal Pierce ist ein hingegebener Christ – demütig, aufrichtig und sehr belesen. Er macht nicht viel Aufhebens um seine eigene Person und ist voller Liebe und Glaube. Gott hat sich einmal mehr das Schwache und Törichte in den Augen der Welt erwählt, um die Starken und Weisen zu beschämen. Er hat sich einen weiteren einfachen Menschen erwählt, durch den er alle Ehre bekommt. Danke, Cal, für deinen wichtigen Beitrag im Leib Christi, und danke für die wunderbaren, Glauben fördernden Zeugnisse in diesem Buch.

An dieser Stelle möchte ich an alle Leser noch eine Warnung aussprechen. Dieses Buch wird Ihre Ansichten über Heilung und über die Praxis des Heilungsdienstes herausfordern. Dies gilt insbesondere für jegliche Ihrer Vorbehalte gegenüber dem Heilungsdienst, der im Wirken Jesu und seiner Jünger sowie deren Nachfolger eine so bedeutende Rolle spielte. Heilung war ein wesentlicher Bestandteil des Dienstes der frühen, nachapostolischen Gemeinde, und auch für das 21. Jahrhundert gilt, dass Heilung ein wichtiger Bestandteil des Dienstes unseres Herrn Jesus Christus durch seine Gemeinde ist.

Ich lege das Buch *Den Weg bereiten* allen ganz dringend ans Herz, die ihren Glauben für Heilung stärken wollen.

Randy Clark,
Hauptpastor der Vineyard Christian Fellowship,
St. Louis/Missouri/USA

Einführung

Der gebürtige Kanadier John G. Lake wurde etwa im Jahr 1914 von Gott nach Spokane im amerikanischen Bundesstaat Washington gesandt. Es war dies nicht sein erster Auftrag. Bereits zuvor war er ein sehr erfolgreicher Missionar in Südafrika gewesen. Nun aber hatte er eine Last für die Kranken in Amerika und war sich sicher, dass Gott ihm in den USA einen Heilungsdienst geben würde.

Unter der Leitung des Heiligen Geistes stellte er ein Team von Männern und Frauen zusammen, die er „Heilungsfachleute" nannte, und eröffnete in der Innenstadt von Spokane mehrere aneinanderliegende Räume, wo diese Männer und Frauen des Glaubens den Kranken dienen konnten. Was im Folgenden in den Räumen des sogenannten Rookery Building (Rookery-Gebäude) geschah, war so erstaunlich, dass sie schließlich „Healing Rooms" (Heilungsräume) genannt wurden.

Bereits fünf Jahre nach ihrer Eröffnung gab es einhunderttausend bestätigte Heilungen in diesen Räumen. Daraufhin erklärte ein Vertreter der US-Regierung Spokane zur „gesündesten Stadt der Welt". Die Verantwortlichen des damals einzigen Krankenhauses von Spokane waren von John G. Lake und seinem Dienst nicht gerade begeistert, da ihnen durch die Wunder, die Gott in den Heilungsräumen tat, ihre Patienten abhanden kamen.

Jeder in Spokane hatte die Wahl, was er im Krankheitsfall tun wollte. Er konnte entweder ins Krankenhaus gehen, um medikamentös oder operativ behandelt zu werden und dafür teuer bezahlen zu müssen – auch wenn ihm dort unter Umständen gar nicht geholfen werden konnte – oder er konnte die Heilungsräume im Rookery Building aufsuchen (was die meisten bevorzugten), um dort von den „Heilungsfachleuten" für sich beten zu lassen. Meist wurde der Patient dort geheilt, und zwar ohne dafür bezahlen zu müssen.

Als Gott meine Frau und mich etwa 80 Jahre nach der Schließung der ursprünglichen Heilungsräume nach Spokane sandte, waren wir gewiss, dass er (Gott) immer noch derselbe war. Noch immer rettet er die Verlorenen, und er heilt auch immer noch die Kranken. In Redding/Kalifornien hatten wir bereits selbst erste Erfahrungen mit seiner Heilungskraft gemacht und wussten daher, dass seine Macht immer noch die gleiche war, wie zur Zeit von John G. Lake, ja sogar wie zur Zeit der Apostel.

Aber es war auch klar, dass Gottes Heilungskraft in Spokane nicht mehr so am Wirken war wie damals. Als wir beteten und den Herrn nach dem Grund dafür fragten, zeigte er uns, dass die Brunnen der Heilung durch Zweifel, Unglauben und menschliche Traditionen verstopft worden waren. Wir mussten diese Brunnen erst wieder ausgraben, durch die in der Vergangenheit die Kranken in Spokane so viele Wunder erlebt hatten. Die Geschichte darüber, wie es gelang, die Heilungsräume am selben Ort wie zuvor wieder zu eröffnen, und wie Gott begann, dieselben Wunder wie zuvor zu tun, war in den letzten Jahren für viele im Land eine echte Herausforderung. Viele Männer und Frauen wurden angeregt, in ihren Heimatorten selbst Heilungsräume zu eröffnen, nachdem sie den Erfolg der Heilungsräume in Spokane entweder selbst gesehen oder davon gehört hatten. Inzwischen breiten sich solche Dienste sehr schnell in den ganzen USA und auch in einigen anderen Ländern aus.

In dem vorliegenden Buch wird nun zum ersten Mal schriftlich festgehalten, wie es in Spokane dazu kam und wie es auch in Ihrer Stadt soweit kommen kann. Es ist mein Gebet, dass auch Sie gesegnet und herausgefordert werden, während Sie dieses Buch lesen.

Cal Pierce
The Healing Rooms
Spokane, Washington

Heilt die Kranken, die dort sind, und sagt ihnen:
Das Reich Gottes ist nahe zu euch gekommen.

Lukas 10,9

1 Der Vorhang hebt sich

Andy Butcher von der amerikanischen Zeitschrift *Charisma* schrieb einen wunderbaren Artikel über die Wiedereröffnung der Heilungsräume. Lassen Sie uns die Geschichte mit seinen Worten beginnen (Leitartikel des *Charisma News Service* vom 6. November 2000):

Heilungsdienst öffnet nach 80 Jahren wieder seine Pforten

In den ehemaligen Heilungsräumen des Pioniers John G. Lake in Spokane wird wieder für Kranke gebetet.

Nach fast 80 Jahren Unterbrechung wurde ein wegweisender Heilungsdienst zu neuem Leben erweckt. In den Heilungsräumen in Spokane im Bundesstaat Washington, die an derselben Stelle eröffnet wurden, an der sich die Räume des bekannten Heilungsevangelisten John G. Lake im frühen 20. Jahrhundert befunden hatten, häufen sich die Berichte von körperlichen und seelischen Heilungen. Die Heilungsräume werden von ehrenamtlichen Betern aus den örtlichen Gemeinden betreut, die unter der Leitung des früheren Immobilienmaklers Cal Pierce stehen, der angibt, Gott habe ihn geführt, die Brunnen von Lakes Dienst „wieder auszugraben". Pierce glaubt, dass eine neue Heilungswelle über das Land schwappen wird, um die Christen auf eine große Ernte vorzubereiten: „Wenn wir als Armee in den Kampf ziehen sollen, dann bestimmt nicht auf Krücken."

Seit die Heilungsräume vor fast 18 Monaten ihren Dienst wieder aufgenommen haben, kamen über 5000 Menschen, um für sich beten zu lassen, einige sogar aus Übersee. Die Ärzte der Stadt haben bereits begonnen, Patienten an diesen Dienst zu überweisen. Die Mitarbeiter haben auch Hunderte von Tüchern versandt, für die gebetet worden war. In etwa einem Dutzend anderer Städte wurden weitere Heilungsräume eröffnet oder sind solche geplant.

„Wir sind hier weder gut als Seelsorger ausgebildet noch Spezialisten für den Befreiungsdienst. Unser Ansatz dreht sich vielmehr darum, dass wir darin geschult sind, die Gegenwart des Heiligen Geistes zu empfangen, der dann kommt und das Werk selbst in die Hand nimmt", beschreibt Pierce die Arbeit. „Wenn er kommt, dann muss alles verschwinden, was nicht gesund ist. Demut und Einheit sind die Grundvoraussetzung, um die Gegenwart des Heiligen Geistes zu empfangen und ihn wirken zu lassen."

Nachdem er 1996 in seiner vorherigen Gemeinde in Kalifornien eine prägende Begegnung mit Gott erlebt hatte, fühlte sich Pierce berufen, nach Spokane zu ziehen. Später gab er dann sein Geschäft auf, um in den vollzeitigen Dienst zu treten. Er suchte häufig das Grab von John Lake auf, um dort zu beten. „Es hatte mit dem Heiligen Geist zu tun und mit der Vollmacht dieses Mannes. Ich wusste, dass diese Kraft dem Leib Christi auch heute noch zur Verfügung steht." Dann glaubte er, er solle die Heilungsräume wieder eröffnen.

Zu seiner großen Verwunderung entdeckte Pierce, dass in der dritten Etage des Rookery Buildings in der Innenstadt von Spokane noch Räume frei waren – genau dort, wo Lake von 1914 bis 1920 gedient hatte. Der Dienst von Lake, der vorher Missionar in Afrika gewesen war, war zeitweise so erfolgreich, dass Spokane „die gesündeste Stadt Amerikas" genannt wurde. Er träumte von einer ganzen Kette ähnlicher Heilungszentren in Amerika und hatte bereits ein weiteres in Portland/Oregon eröffnet, starb aber im Jahr 1935 an einem Schlaganfall.

Steve Goodenberger, der Kantor der Presbyterianer-Gemeinde aus Spokane hat heute noch Tränen in den Augen, wenn er erzählt, welchen Einfluss die neuen Heilungsräume auf seine Familie hatten. Die Schulausbildung von Keith, seinem Sohn im Teenageralter, litt stark unter dessen jahrelangen Migräneanfällen, gegen die es scheinbar keinerlei ärztliche Hilfe gab. Schließlich entschlossen sie sich, es mit den Heilungsräumen zu versuchen, und nach einigen Besuchen waren die Beschwerden vollständig verschwunden. „Seit dieser Zeit ist er wie neugeboren", erzählt sein Vater. „Es hat unser Leben verändert."

Ehe er die Heilungsräume aufsuchte, hatten die Ärzte Todd Callaghan aus Coeur d'Alene in Idaho nur noch eine sehr geringe Lebenserwartung eingeräumt, da er an einem äußerst seltenen genetischen Defekt litt. Seit aber regelmäßig für ihn gebetet werde, sagt er, seien die Schmerzen deutlich zurückgegangen. Mehrere krebsartige Geschwüre seien vollständig verschwunden oder zumindest geschrumpft. „Es hat mein

Leben total verändert. Ich weiß nicht, ob ich sonst noch am Leben wäre."
Zur Zeit sind die Heilungsräume vier Tage in der Woche geöffnet. Die insgesamt acht separaten Räume werden von jeweils drei Mitarbeitern betreut, die Besucher empfangen und für sie beten. An den Wänden hängen Berichte über Heilungen. „Wir beten für die Einzelnen so lange, wie es nötig ist", sagt Pierce. „Viele wurden sozusagen auch schon ‚im Gehen' geheilt."

von Andy Butcher

2 Der Ursprung der Last: Davids Herz

Oft werde ich gefragt, wie es überhaupt dazu kam, dass ich den Ruf verspürte, die Heilungsräume wieder zu eröffnen. Ich muss dann zugeben, dass dieser Ruf eigentlich nicht in meinem eigenen Herzen begann, sondern im Herzen von David, unserem jüngsten Sohn.

Als David sieben Jahre alt war, stellten die Ärzte bei ihm eine gewisse Form von Muskelschwund (Muskeldystrophie Duchenne) fest. Bei dieser Krankheit wird das gesunde Muskelgewebe immer schwächer und auch immer weniger. Duchenne tritt dabei hauptsächlich bei Kindern auf, und die davon Betroffenen erreichen das Erwachsenenalter meist nicht. Mit zehn Jahren war David bereits an den Rollstuhl gefesselt und benötigte für die meisten täglichen Verrichtungen unsere Hilfe.

Michelle und ich teilten uns die dadurch anfallende Arbeit auf. So war es zum Beispiel ihre Aufgabe, David morgens zu wecken und für die Schule vorzubereiten, während ich ihn abends zu Bett brachte. Er hatte einen elektrischen Rollstuhl, so dass er sowohl in der Schule als auch zu Hause mobil war. Nachts wechselten wir uns damit ab, alle zwei Stunden aufzustehen, um ihn neu zu lagern, damit er sich nicht wund lag. Als er sechzehn war, konnte David nur noch seinen Hände und seinen Kopf bewegen.

Je schlechter sein körperlicher Zustand wurde, desto hungriger wurde David allerdings nach Gott. Das ist besonders deshalb interessant, weil meine Frau und ich zu dieser Zeit in einer religiösen Routine steckengeblieben waren. Wir waren zwar Christen, brannten aber nicht sonderlich für den Herrn, und wir beteten auch nicht so, wie wir es hätten tun sollen. Sonntagmorgens besuchten wir regelmäßig den Gottesdienst und nahmen auch David mit, aber an weiteren Veranstaltungen hatten wir kein Interesse. Mit einem Mal aber wollte David in jeden Gottesdienst gehen. Er wollte weder den Gottesdienst am Sonntagabend noch den Jugendgottesdienst verpassen. Ich lud ihn dann immer in unseren Kleinbus und setzte ihn in der Gemeinde ab, ging aber dann einen Kaffee trinken, einkaufen oder einen Spaziergang machen, bis der Gottesdienst vorbei war. Dann holte ich ihn wieder ab, und wir fuhren nach Hause.

Davids Begeisterung für Gott nahm schließlich solche Ausmaße an, dass er mich jeden Abend in sein Zimmer rief, weil er wollte, dass ich ihm half, seine Bibel zu lesen. Ich hatte ihm einen Spezialtisch gebaut, unter den er seinen Rollstuhl fahren konnte. Sobald er bereit war, half ich ihm, seine Arme und Hände auf den Tisch zu legen. Dann platzierte ich die Bibel so zwischen seine Hände, dass er selbstständig umblättern konnte. Die nächsten Stunden saß er dann da und studierte die Bibel.

Hatte David dann zwei oder mehr Stunden in seiner Bibel gelesen, fing er an zu beten. Wir ließen seine Tür immer einen Spalt offen, damit wir ihn hören konnten, falls er etwas brauchte. Kam ich im Verlauf des Abends ab und zu auf dem Weg vom Fernseher zur Toilette an seinem Zimmer vorbei, hörte ich ihn immer wieder beten. Er betete dabei stets für andere: für Amerika, für seine Klassenkameraden, für unsere Nachbarn und für uns, seine Eltern und Geschwister. David hatte ein Herz für Menschen, die verletzt waren. Er konnte ihre Not spüren.

Immer, wenn ich ihn so beten hörte, brach es mir das Herz. Weshalb kannte ich Gott nicht so, wie mein Sohn ihn kannte? Er hatte ein so leidenschaftliches Verlangen nach den Dingen Gottes. Weshalb war es bei mir nicht so? Er hätte auch andere Dinge tun können, aber das war, was er wollte. Ja, das war sogar *das Einzige*, was er wollte. Gott besser kennen zu lernen, war sein alleiniger Herzenswunsch. An etwas anderem hatte er keinerlei Interesse. Nicht einmal seine eigene Krankheit interessierte ihn. Sie zehrte ihn nicht auf, wie das bei vielen Kranken der Fall ist. Er wurde vollständig von seiner Leidenschaft für Gott verzehrt.

Wenn ich manchmal etwas später zur Arbeit ging und an seiner Schule vorbeifuhr, konnte ich David zusammen mit seinen Klassenkameraden auf dem Schulhof sehen. Die meisten Kinder waren mit Spielen beschäftigt, aber David saß immer allein in seinem Rollstuhl vor der Turnhalle. Der Gedanke, dass mein Sohn sich nicht an den Spielen der anderen Kinder beteiligen konnte, war für mich schwer zu ertragen. Aber aus Davids Sicht war das überhaupt nicht schlimm. Wenn er so allein für sich war, konnte er mit dem Herrn reden. Es war sehr schwierig für mich, seine Gedankengänge nachzuvollziehen, aber durch seine tiefe Hingabe an Gott wurde mein eigenes Herz überführt.

Wir hatten eine große Sonnenterrasse, die sich rings um unser Haus zog, so dass David mit seinem Rollstuhl ins Freie fahren konnte, wenn es das Wetter zuließ. Wir konnten dann hören, wie er draußen hin und her fuhr und mit Gott redete.

Eines Abends hörten meine Frau und ich ihn weinen, und wir eilten zu ihm. Er kam in den Korridor gerollt. „Was ist los?" fragten wir. Er schluchzte, er habe einen schlechten Gedanken gehabt, und es war offensichtlich, dass ihm dies das Herz gebrochen hatte. Dieses aufrichtige Bekenntnis traf mich wie ein Hammer. Ich hatte viele schlechte Gedanken, aber mein Herz war so verhärtet, dass mich das überhaupt nicht mehr berührte. David liebte Jesus so sehr, dass ihn schon ein einziger schlechter Gedanke völlig aus der Fassung brachte. Ich war über mich selbst beschämt.

Einmal fragten wir David: „Wenn du dir etwas wünschen könntest, was wäre das?" Ich war mir sicher, er würde sagen, er würde gerne wie die anderen Kinder aufstehen, gehen und all die Dinge tun können, die sie taten. Das wäre für jeden Jungen in Davids Alter normal gewesen. Aber er antwortete nicht vorschnell. Er blickte zur Decke und verharrte so ein paar Minuten; ganz offensichtlich prüfte er seine Seele, um die richtige Antwort zu geben. Als er schließlich antwortete, waren wir beide verduzt. „Nichts!", sagte er.

Ich traute meinen Ohren kaum. Mein Sohn, der praktisch hilflos war und nicht mehr viel vom Leben zu erwarten hatte, verspürte keinen Mangel an irgendetwas. Wie konnte das sein? Ich dachte an alles, was ich für mich selbst wollte, und an die vielen Dinge, um die ich vielleicht gebeten hätte, hätte ich diese Gelegenheit gehabt. Aber David war so erfüllt von der Erkenntnis Jesu und seiner Liebe zu ihm, dass er sonst nichts weiter brauchte. Wie unbegreiflich!

Ab dem siebten Schuljahr handelten alle Aufsätze, die David für die Schule schrieb, von Jesus. Jesus war sein Leben, und alles, was er tat, drehte sich um den Herrn.

1989 wollte David dann eine Zeit lang jeden Abend noch etwas länger aufbleiben, weil er mehr beten wollte. Obwohl er am anderen Tag zur Schule musste, wollte er diese Zeit immer länger ausdehnen. „Kann ich nicht noch ein bisschen aufbleiben?", bat er mich dann immer. Ich glaube, er hätte auch die ganze Nacht durch gebetet, wenn ich ihn gelassen hätte; aber eine halbe Stunde vor Mitternacht bestand ich dann darauf, er brauche auch etwas Schlaf, um am nächsten Tag zur Schule gehen zu können. Nur widerwillig gab er nach.

Wenn ich ihn an diesen Abenden dann schließlich für das Bett fertig machte, sah ich, dass seine ganzen Kleider nassgeschwitzt waren, weil er sich im Gebet so verausgabt hatte; sie waren so nass, dass sie ihm richtiggehend am Körper klebten. Sogar seine Socken und seine Schuhe waren nass.

Nach etwa zehn Tagen fragte ich ihn dann eines Abends, weshalb er sich denn so sehr im Gebet verausgabe. Seine Antwort verblüffte mich: „In der Schule nehmen wir gerade Russland durch. Ich bete, dass die Mauern des Kommunismus einstürzen, damit das Evangelium auch in diese Länder gelangt und die Menschen gerettet werden können."

„Mein Gott", dachte ich, „wie kann ein so junger Mensch bloß eine solche Last tragen?" Ich hatte noch nie dafür gebetet, dass der Eiserne Vorhang fällt, aber mein 16-jähriger Sohn betete mit aller Inbrunst dafür. Was bewegte ihn wohl?

Keine 30 Tage später war der Fall der Berliner Mauer die wichtigste Meldung in allen Nachrichtensendungen, und ich konnte mit ansehen, wie die Menschen aus Ostdeutschland durch die Mauer strömten und sie Stück für Stück niederrissen. Ich wurde von meinen Gefühlen überwältigt und begann zu weinen. Wenn die Gebete eines Teenagers solche Auswirkungen haben konnten, dann würde Gott bestimmt auch mich erhören. Wenn Davids Gebete eine Nation erschüttern und eine Mauer einreißen konnten, dann musste auch ich endlich meinen Teil dazu beitragen.

Mit einem Mal sehnte ich mich verzweifelt danach, Gott ebenso zu kennen, wie David ihn kannte. Ich schrie zu Gott: „Gott, ich möchte dich kennen lernen; ich will dich so kennen, wie David." Die Veränderung, nach der ich mich als Folge von Davids Einfluss auf mein Leben sehnte, kam zwar nicht über Nacht, aber sie kam.

Einige Jahre später, noch vor seinem 21. Geburtstag, ging David ganz still von uns. Er verließ uns, um bei seinem Heiland zu sein. Im einen Moment war er noch bei uns, im nächsten Augenblick war er fort. Für Michelle und mich war es auf der einen Seite ein schrecklicher Verlust, da wir ihn so geliebt hatten. Andererseits aber war unser Becher sozusagen randvoll. Wir empfanden es als großes Geschenk, David bei uns gehabt zu haben. Er war mit einer Vision von uns gegangen: der Vision, auf die Errettung Amerikas hinzuarbeiten und unserer Nation und unserem Volk Heilung zu bringen. Mit der Zeit sollte diese Vision dann klarer werden.

3 Unsere geistlichen Wurzeln

Das Beschämende an unserem geistlichen Desinteresse in diesen Jahren war, dass wir es eigentlich hätten besser wissen müssen.

Sowohl Michelle als auch ich waren in der Stadt Redding in Kalifornien aufgewachsen. Sie wurde katholisch erzogen und ich als Baptist. Nach unserer Heirat ging ich regelmäßig mit ihr zum Gottesdienst in ihre Kirche. Schnell lernte ich, wann ich aufstehen, mich setzen oder hinknien musste. Ich wollte mich unbedingt anpassen, damit keiner merkte, wie fehl am Platz ich eigentlich war.

Jede Woche eine Stunde in die Kirche zu gehen, machte mir nichts aus – so lange es mein Privatleben nicht störte. Ich baute damals mein Geschäft im Immobilienbereich auf, was einen großen Teil meiner Zeit in Anspruch nahm. Ich verdiente genug, um unseren damaligen Lebensstil finanzieren zu können, und mit unseren drei Kindern führten wir ein ruhiges Leben. Natürlich waren weder Michelle noch ich zu dieser Zeit wiedergeboren. Wir wussten, wer Gott war, aber wir kannten ihn nicht persönlich.

Eines Tages erzählten einige Nachbarn Michelle von einer besonderen Gebetsveranstaltung, die im Untergeschoss der katholischen Kirche stattfinden sollte. Sie sagten, es handle sich um eine „charismatische“ Versammlung, die ein Laie, ein Psychiater, leiten würde. Darunter konnte ich mir nichts vorstellen, weshalb ich zusagte.

Dieses Treffen war völlig anders als alles, was ich inzwischen in einer Kirche erwartete. Eine Sache war, dass alle die Anbetungsliedern mitsangen, von denen ich sogar einige aus meiner Baptistenzeit wieder erkannte. Aus welchem Grund auch immer bewegten mich diese Lieder an diesem Tag besonders, und bald hatte ich mit den Tränen zu kämpfen. Noch ehe der Gottesdienst vorüber war, hatten sowohl Michelle als auch ich Jesus als unseren Herrn und Retter angenommen – im Keller dieser katholischen Kirche!

Wir liebten die Leute, die zu den charismatischen Gebetstreffen kamen und waren mit ihnen zusammen. Eine ganze Reihe von ihnen war auch Teil einer Gruppe der „Geschäftsleute des vollen Evangeliums“. Zu dieser Gruppe gehörten sowohl Geistliche als auch Laien aus vielen verschiedenen Denominationen. Sie hielten in Redding regelmäßig Treffen ab, und wir fingen an, auch diese zu besuchen. Dabei hörten wir wunderbare Zeugnisse von Leuten aus den unterschiedlichsten Denominationen, deren Leben durch eine echte Beziehung zu Jesus Christus verändert worden war.

Bei diesen Treffen begegneten wir auch Leuten, die zur Bethel Assembly of God Gemeinde (Pfingstgemeinde) in Redding gehörten. Mit der Zeit gingen Michelle und ich regelmäßig in diese Gemeinde und schickten unsere Kinder dort in die Sonntagsschule. Nach der Sonntagsschule gingen wir dann in den katholischen Gottesdienst. Allmählich waren wir dann immer öfter in dieser Bethel-Gemeinde und immer weniger in unserer eigenen Kirche, bis wir uns schließlich entschieden, uns ganz der Bethel-Gemeinde anzuschließen. Mitte der 70-er Jahre ging es mit unserem geistlichen Leben endlich aufwärts.

Ich wurde schließlich Ältester dieser Gemeinde und war auch im Kirchenvorstand; später übernahm ich sogar den Vorsitz des lokalen Zweiges der Geschäftsleute des vollen Evangeliums in Redding. Auch auf regionaler Ebene war ich bei den Geschäftsleuten sehr aktiv. Wie ich bereits eingangs des Kapitels sagte, hätten wir es eigentlich besser wissen müssen, aber wir näherten uns einer geistlichen Dürrezeit, als wir, wie so viele andere vor uns, allmählich unsere erste Liebe verloren.

4 Stagnation

Nachdem wir schon etliche Jahre Mitglieder der Bethel-Gemeinde waren, verfiel ich langsam in eine Art geistlichen Stillstand. Mehrere Faktoren trugen dazu bei. Zum einen befand sich der Immobilienmarkt in Kalifornien in einer Krise, und da wir in Bürogebäude investiert hatten, verloren wir schnell unseren finanziellen Rückhalt. Das bereitete uns große Sorgen, und ich musste länger arbeiten, um die Verluste wieder wettzumachen. Die Unsicherheit unserer Zukunft laugte uns emotional aus.

Ein weiterer Faktor war unser Freundeskreis. Wir waren Teil einer Gruppe von Leuten aus der Gemeinde, die Wohnmobile besaßen. Bisweilen nahmen sie uns mit, wenn sie „auf Tour“ gingen. Wir genossen diese Ausflüge sehr und fühlten uns in dieser Gruppe so wohl, dass wir jeden Freitagabend gemeinsam essen und danach ins Kino gingen. Wir freuten uns jedes Mal auf diese Zeiten, die uns sehr viel bedeuteten. Mir persönlich machten diese Touren so viel Spaß, dass ich bereits damals Pläne für unseren Ruhestand schmiedete. Ich dachte, wir könnten später einfach unser Geschäft verkaufen, uns ein schönes Wohnmobil anschaffen und es genießen, kreuz und quer durch Amerika zu reisen.

Diese Jahre waren ja nicht mehr allzu weit entfernt. Ich fühlte sie schon kommen und freute mich darauf. Ich war es leid, mit meinem Geschäft zu kämpfen, und, was das Schlimmste war, ich war auch die Gemeinde leid.

Das war allein schon deshalb schrecklich, weil ich seit 25 Jahren im Vorstand und ein Ältester der Gemeinde war. Heute kann ich sagen, dass ich wohl der gelangweilteste Vorstand war, den diese Gemeinde jemals gehabt hatte. Der Zustand meines geistlichen Lebens war so schlimm geworden, dass es mich nicht einmal mehr kümmerte, ob ich in die Gemeinde ging oder nicht. Sonntags war ich nur noch anwesend, weil es von mir erwartet wurde. Ansonsten wäre ich nicht einmal dann gekommen.

Sonntagabends fragte mich Michelle manchmal: „Glaubst du nicht, wir sollten zur Kirche gehen? Schließlich bist du ja im Vorstand.“ Ich fand aber immer eine gute Ausrede, nicht gehen zu müssen. Ich musste mich auf die Arbeit am Montag vorbereiten und brauchte meine Ruhe – oder was mir auch sonst gerade einfallen mochte. Ich war in eine äußerliche Form des Christseins zurückgefallen, die seine Kraft leugnete, und ich war nicht im Geringsten daran interessiert, meinen geistlichen Zustand zu verändern – bis Davids Leidenschaft anfing, mein Herz zu berühren.

Die anderen Gemeindemitglieder konnten nicht wissen, wie schlimm es um meine Seele stand. Wie jeder gute Christ trug ich meine Bibel mit mir herum. Ich sagte stets das Richtige und trug auch die richtige Kleidung. In Wirklichkeit aber lebte ich in einer Art Wüste und wartete nur auf eine passende Gelegenheit, alles hinter mir zu lassen.

Bis zu diesem Zeitpunkt tat ich alles, was man meiner Meinung nach in der Gemeinde von mir erwartete; das war aber auch alles. Ich besuchte jeden Sonntagmorgen den Gottesdienst und war bei den gelegentlichen Vorstandstreffen dabei. Meiner Meinung nach war das schon mehr als genug.

So verlief unser Leben bereits seit viel zu vielen Jahren, und obwohl ich mich durch Davids Leidenschaft für Jesus in meiner Lebensweise überführt fühlte, wusste ich nicht genau, was ich tun sollte.

5 Erweckung!

Im Januar 1996 wählten wir mit Reverend Bill Johnson einen neuen Pastor für die Bethel-Gemeinde. Zuerst hielt ich Bill für den Letzten, den ich wählen würde.

Ich war Teil des Wahlgremiums für den neuen Pastor und wusste deshalb, dass drei Kandidaten zu Auswahl standen. Als ich erfuhr, dass Bill einer von ihnen war, war ich nicht gerade begeistert. Ich kannte ihn schon recht lange. Sein Vater war Pastor der Bethel-Gemeinde gewesen, als unsere Familie vor vielen Jahren anfing, die Gottesdienste dort zu besuchen.

Dabei mochte ich Bill. Schon als junger Mann hatte er das „Salzhaus", eine Arbeit unter Jugendlichen in der Innenstadt, gegründet, und ich hatte ab und zu dort mitgeholfen. Jetzt aber hatte ich das Gefühl, wir brauchten frisches Blut, jemand von außen, aus einer anderen Stadt, jemand, den wir noch nicht kannten. Ich war mir sicher, ich würde bei der Abstimmung für einen der beiden anderen Kandidaten stimmen.

Aber dann konnte ich bei der Kandidatenbefragung nicht dabei sein. Ich hörte mir deshalb die Kassetten davon an, und dabei gab es etwas in Bill Johnsons Stimme, was mich anrührte. Dies bewegte mich sogar so stark, dass ich schließlich meine Meinung änderte und doch für ihn stimmte.

Was wir damals noch nicht wussten, war, dass Bill die vergangenen zwölf Jahre mit Gott im Gebet um Erweckung und um eine neue Heilungswelle in Redding gerungen hatte. Gott war dabei, seine Gebete zu erhören. Nicht lange, nachdem er in unsere Stadt gekommen war, ereigneten sich ein paar ungewöhnlichen Dinge.

An einem Freitagabend erzählte uns eines der Ehepaare aus der Wohnmobil-Gruppe von außergewöhnlichen Dingen, die in den Gottesdiensten passierten, die Bill und ein Vineyard-Pastor in einigen der Gemeinden in der Umgebung veranstalteten. Dort fielen Menschen zu Boden, lachten, zitterten oder weinten. Auf dem Weg nach Hause fragte Michelle, was ich davon hielt, und ob wir uns das nicht selbst einmal ansehen sollten. Ich entgegnete schroff: „Zu solchen Treffen gehen wir *nicht.*" Es gefiel mir nicht, von etwas zu hören, was meine Pläne für die Zukunft durcheinander bringen könnte. Mir gefiel das Programm, das ich in Gedanken entworfen hatte, und ich wollte nicht, dass irgendetwas daran rütteln sollte.

Im Mai jenes Jahres berief Bill ein spezielles Leitertreffen der Gemeinde ein. Die Gemeinde war inzwischen auf zweitausend Mitglieder angewachsen, und einschließlich der Schule waren viele Leute an den Gemeindeaktivitäten beteiligt. Er spürte, dass es mit den Mitarbeitern, die er in dieser Gemeinde übernommen hatte, nicht unbedingt zum Besten stand, aber er hatte Glauben für eine Erweckung unter uns. Gott wusste, dass ich sie bitter nötig hatte.

Ich war nicht gerade glücklich, als Michelle mir eines Sonntagmorgens auf dem Weg vom Gottesdienst nach Hause die „Einladung" dazu vorlas; sie wies mich aber darauf hin, dass der Pastor die Anwesenheit aller Leiter erwartete. Also ging ich hin.

Zusammen mit allen Vorstandsmitgliedern, Büroangestellten, Lehrern, Sonntagsschullehrern und Jugendleitern waren wir etwa einhundert Leute, die sich eines Abends in dem neuen Raum hinter dem Gottesdienstsaal versammelten. Die Gemeindeglieder nannten ihn immer den „Großen Raum", aber auf Grund dessen, was dort geschah, nenne ich ihn inzwischen das „Obergemach".

Das Treffen begann mit Gebet, und jemand führte uns in eine Zeit der Anbetung. Mit einem Mal stand Bill dann vor uns. Er hatte seine Hände zum Himmel erhoben und sagte: „Komm, Heiliger Geist!" Das Nächste, woran ich mich erinnere, ist, dass eine Feuerwelle nach der anderen meinen Körper durchströmte. Die Flammen schienen sich tief in meine Knochen hineinzubohren, so dass ich rennen, springen, rufen, schreien oder alles auf einmal wollte. Aber ich konnte mich nicht bewegen. Meine Füße waren wie am Boden festgeklebt.

Es kam mir vor, als seinen nur wenige Minuten vergangen, als ich Michelles Stimme hörte. Sie zog an meinem Ärmel und sagte: „Liebling, das Treffen ist zu Ende, und alle sind nach Hause gegangen." Ich hatte keine Ahnung, um was es bei diesem Treffen gegangen war, aber irgendwie wusste ich, dass ich nie wieder derselbe sein würde.

Ich versuchte erneut, mich zu bewegen, aber es gelang mir nicht. An diesem Abend waren zwei starke Männer nötig, um mich vom Boden wegzubringen. Die Veränderung in meinem Leben von da an war gewaltig; es war ein Unterschied wie zwischen Tag und Nacht.

Viele Jahre war ich damit zufrieden gewesen, dazusitzen und alles an mir vorüberziehen zu lassen – so lange es meinen geregelten Tagesablauf nicht durcheinander brachte. Nun aber konnte ich nicht mehr still halten, und wenn es um mein Leben gegangen wäre. Ich musste ständig etwas für Gott tun. Ich musste einfach in der Gemeinde sein, sobald nur die Türen geöffnet waren. Wenn es vor dem Abendgottesdienst noch ein Gebetstreffen gab, dann musste ich einfach dabei sein. Und auch dann war ich immer früher da, manchmal sogar schon eine Stunde früher, weil ich nichts verpassen wollte.

Vor jedem Gebetstreffen betete ich noch eine Stunde lang allein, um mich vorzubereiten. Ich betete, um mich auf den Abendgottesdienst vorzubereiten, und ich liebte es, in jedem Gottesdienst zum Altar nach vorne zu gehen, um noch etwas mehr zu beten. Ich genoss jeden Augenblick davon. Hätte ich mein Bett in der Gemeinde aufschlagen können, um dort zu bleiben und noch mehr zu beten, dann hätte ich wahrscheinlich auch das getan. Ich war zu einem solchen Fanatiker geworden, dass meine Freunde anfingen, sich Sorgen um mich zu machen; auch mein Privatleben begann, darunter zu leiden.

Ich konnte es nicht erklären. Irgendwie war Cal Pierce in diesem „Obergemach“ gestorben, und ich war jetzt ein anderer, ein völlig anderer. Als Cal Pierce starb, da starben alle seine Pläne und Wünsche mit ihm. Ich hatte einfach kein Interesse mehr daran. Ich wollte Gottes Programm für mein Leben, und ich widerstand allem, was sich dem in den Weg stellen wollte.

Ich hatte keinerlei Bedürfnis mehr, Freitagabends mit den anderen zum Essen oder ins Kino zu gehen, was ich vorher so genossen hatte; mit dem Wohnwagen auf Tour zu gehen, erschien mir das Langweiligste zu sein, was es gab. Mehrere Leute beklagten sich bei Michelle: „Cal hat seinen Kopf so sehr im Himmel, dass er auf der Erde nichts mehr taugt.“ Wenn sie mir das dann weitererzählte, wusste ich nicht, was ich darauf antworten sollte. „Ich weiß auch nicht, was mit mir los ist. Alles, was ich weiß, ist, dass ich mehr von Gott will. Ich will mich durch nichts daran hindern lassen, ihn so zu berühren, wie ich es mir wünsche.“ Ich blieb einfach weiter dran.

Je näher ich Gott kam, desto mehr Probleme bekam ich mit meinen Freunden. Das erstaunte mich. Wozu gab es schließlich die Gemeinde, wenn nicht dazu, um Gott näher zu kommen? Weshalb konnten sie sich nicht mit mir freuen, dass ich meine geistliche Apathie hinter mir gelassen und einen neuen Eifer gefunden hatte?

Aber ich machte mir ohnehin nichts mehr aus dem, was sie sagten. Mein einziges Ziel im Leben war es nun, Gott zu dienen, sein Evangelium auszubreiten und Seelen zu retten. Was die anderen taten, war ihre Sache. Für mich fing das Leben erst jetzt richtig an.

6 Erste Anfänge im Heilungsdienst

Mit einem Mal hatte ich das unerschöpfliche Bedürfnis, alles über geistliches Wachstum zu erforschen und zu studieren, was mir in die Hände kam. Ganz besonders interessierte mich der ganze Bereich Erweckung, und ich las alle Bücher über Erweckung und Erweckungsprediger, deren ich habhaft werden konnte.

Gleichzeitig las ich alles, was ich über Heilung finden konnte, und über die Männer und Frauen, die im Heilungsdienst gebraucht worden waren. So las ich zum Beispiel viele Bücher über den großen Smith Wigglesworth. Ebenso las ich über Maria Woodworth-Etter, John G. Lake, Alexander Dowie, Charles Parham, Jack Coe, A.A. Allen, Kathryn Kuhlman und viele andere. Ich arbeitete mich innerhalb von anderthalb Jahren durch mehr Bücher als in meinem gesamten Leben zuvor – inklusive der vier Jahre, die ich auf dem College verbracht hatte. Ich musste einfach immer mehr davon haben, und ich konnte nie genug bekommen.

Ich begann, mich mit ganzem Herzen in die Erweckung zu investieren, die uns in der Bethel-Gemeinde geschenkt worden war. Wir stellten verschiedene Gebetsteams zusammen, um anderen in den unterschiedlichsten Bereichen zu dienen. Wir beteten mit den Verlorenen, die gerettet werden wollten, wir beteten für alle Hungrigen um die Erfüllung mit dem Heiligen Geist, und wir beteten für die Kranken um Heilung. Ich wollte mir das um nichts in der Welt entgehen lassen.

In jedem Gottesdienst versammelten sich unsere Teams im Altarraum, um allen zu dienen, die nach vorne gekommen waren, weil sie für sich beten lassen wollten. Oft kamen so viele nach vorne, drei- oder vierhundert auf einmal, dass wir die ersten acht oder zehn Stuhlreihen wegräumen mussten, um genügend Platz zu haben. Die meisten, für die gebetet wurde, gingen unter der Kraft Gottes zu Boden.

Das war eine herrliche Zeit voller Freude für uns! Wir fühlten uns wie im Himmel. Unter den Mitarbeitern der Gebetsteams herrschte ein wunderbarer Geist der Einheit. Das war nicht mehr die „normale Gemeinde"; es war eine Gemeinde, die brannte.

Als ich mich mit den großen Männern und Frauen befasste, die im Heilungsdienst gebraucht worden waren, gewann ich die Überzeugung, dass Gott sich seither nicht verändert hatte, und dass wir heute die gleichen Ergebnisse erwarten durften wie damals. Ich begann also sehr bald, selbst für die Kranken zu beten.

Die ersten beiden Menschen, für die ich um Heilung betete, lagen schwer krank in der Klinik. Beide starben kurz darauf. Ich verwende das häufig als Beispiel, um alle zu ermutigen, die eben erst damit angefangen haben, für Kranke zu beten. Wir alle müssen an einem Punkt anfangen, und wir haben alle noch eine ganze Menge über Heilung zu lernen.

Dass die ersten beiden Menschen, für die ich um Heilung gebetet hatte, starben, entmutigte mich nicht. Meine Entschlossenheit, mich nach der Heilungskraft auszustrecken, die andere in der Vergangenheit besessen hatten, und sie zu empfangen, wurde nur noch stärker. Ich war davon überzeugt, dass Christus nach wie vor der Heiler war, und dass er noch immer leidende Männer und Frauen heilen wollte. Es war nicht seine Schuld, wenn ich versagte.

Ich erinnere mich noch gut an das erste Heilungswunder, das sich auf Grund meiner Gebete ereignete. Gary Schleppenbach und seine Frau Jane waren zu unserer Erweckung dazu gestoßen. Einmal hatten sie seine Cousine Joyce aus Minnesota eingeladen, sie für eine Woche zu besuchen, um seinen Geburtstag mit ihnen zu feiern. Sie hatten sie schon viele Jahre nicht mehr gesehen und waren auf ihren Besuch sehr gespannt. Joyce war seit ihrem dritten Lebensjahr gehörlos und war jetzt zweiundvierzig. Sie glaubten fest daran, dass Gott ein Wunder für sie tun würde.

Die Zeitschrift *Pentecostal Evangel* berichtete später in ihrer Ausgabe vom 14. Dezember 1997 von dem Wunder, das geschah:

Nichts ist unmöglich für Gott
Die Tauben hören

Wenn der Heilige Geist wirkt, geschehen Zeichen und Wunder. Lesen Sie den spannenden Bericht, wie Gott taube Ohren heilte.

Gary Schleppenbach ging ungeduldig auf und ab, während er auf die Ankunft seiner Cousine wartete. Ihr Flugzeug musste eigentlich jeden Moment landen. Garys Gedanken wanderten zu der Zeit zurück, als er und Joyce noch Spielkameraden in Minnesota gewesen waren. Da er fünf Jahre älter war, hatte er immer nach ihr gesehen – ganz besonders von der Zeit an, als man bei ihr im Alter von drei Jahren eine vollständige Taubheit beider Ohren festgestellt hatte. Sie war jetzt zweiundvierzig, und er wollte mehr tun, als nur „nach ihr zu sehen". Er wollte ihr Leben verändern.

„Ich bin so aufgeregt", flüsterte Gary seiner Frau Jane zu. „Ich würde ihr am liebsten gleich hier im Flughafen die Hände auflegen und für Heilung beten."

Jane lächelte ihn an. „Wir werden das schon noch tun", beruhigte sie ihn. „Der Herr hat für alles den richtigen Zeitpunkt."

Nach den ersten Umarmungen und Begrüßungen machten sich Gary, Jane und Joyce auf den Weg zum nächsten Supermarkt, um einige Dinge zu besorgen, die für Joyces einwöchigen Urlaub in Kalifornien noch nötig waren. Joyce war enttäuscht, weil sie keinen Fernseher mit Videotext ausleihen konnten. Es war Samstag, und die Verleihstelle des Kaufhauses hatte bereits geschlossen. Gary versprach Joyce, am Montag zurückzukommen, um ein solches Gerät zu leihen. Dabei dachte er innerlich: *Eigentlich bin ich ganz froh, dass wir keines bekommen haben, weil morgen etwas Wunderbares geschehen wird. Sie wird am Montag gar keinen Spezialfernseher mehr brauchen.*

Gary und Jane hatten bereits vor geraumer Zeit begonnen, den Besuch von Joyce im Gebet vorzubereiten. Er hatte auch seine Freunde in der Gemeinde gebeten, sie im Gebet zu unterstützen. Monatelang hatte Gary treu Karten für Gebetsanliegen ausgefüllt, stets mit dem Anliegen, Gott möge die Ohren von Joyce öffnen.

Die Spannung in Garys Herz nahm ständig zu. „Wir wussten nicht, ob schon einmal für ihre Heilung gebetet worden war", berichtete er später. „Wir wussten aber, dass wir nur eine Woche und nur einen einzigen Sonntag hatten, ehe sie nach Hause zurückkehren würde."

Die Schleppenbachs hatten jemanden gefunden, der den morgendlichen Gottesdienst der Bethel-Gemeinde in die Gebärdensprache übersetzte, damit Joyce der Predigt folgen konnte. Die Botschaft gefiel ihr so sehr, dass sie zu beiden Gottesdiensten am Morgen blieb. Den Abendgottesdienst konnte sie kaum erwarten.

Weil an diesem Abend niemand da war, der für Joyce hätte übersetzen können, schrieb Gary das Wichtigste auf einem Stück Papier mit, damit sie dem Gottesdienst folgen konnte.

In zwei der Zeugnisse an diesem Abend ging es um Heilung. Davon war sie sehr berührt.
Gary war sich nicht sicher, ob Joyce jemals Jesus als ihren Herrn und Retter in ihr Leben eingeladen hatte. Er und Jane hätten eigentlich gerne schon zu Hause für sie gebetet, aber der Herr hatte zu Gary gesagt: „Nein, warte bis zum Gottesdienst, damit ich die Ehre bekomme."
An diesem Sonntagabend wurde Joyce von einer Frau namens Celeste mit Hilfe eines Notizblocks vorne am Altar zum Herrn geführt. Dann fragte Cal Pierce, einer der Ältesten der Gemeinde, ob schon jemand für ihre Ohren gebetet habe. Er wusste überhaupt nicht, dass sie taub war. Er war einfach dem Heiligen Geist gehorsam.
Cal und einige andere stellten sich um Joyce herum, um für ihre vollständige Heilung zu beten. Joyce fiel unter der Kraft des Heiligen Geistes zu Boden. Sie blieb über eine Stunde vollständig regungslos liegen, während der Heilige Geist „operierte".
Um 22.10 Uhr hörte Joyce mit einem Mal Händeklatschen, während sie noch am Boden lag. Die Gebetskämpfer halfen ihr auf die Beine und testeten ihre Hörfähigkeit. Sie fing an, auf verschiedene Dinge um sie herum zu deuten, von denen Laute ausgingen, die sie zum ersten Mal in ihrem Leben hörte.
„Sie reagierte bereits auf Klatschen hinter ihrem Rücken", berichtet Gary weiter. „Da dachte ich, mal sehen, ob sie auch Fingerschnippen hören kann. Das ist leiser. Sie konnte auch das hören und schnippte zurück."
Nachdem er die Einzelheiten ihrer Heilung in Erfahrung gebracht hatte, verkündete Pastor Bill Johnson von der Kanzel: „Heute Abend wurden hier taube Ohren geöffnet!"
„Wir kamen erst um 1.30 Uhr morgens ins Bett", erzählt Gary. „Sie wollte nicht schlafen gehen, weil es noch viel zu viel gab, was sie hören wollte – das Telefon mit eingebautem Lautsprecher, den Kühlschrank, ihre eigene Stimme – so viele Dinge!"
Aber Gott öffnete nicht nur Joyces Ohren. Er löste gleichzeitig auch ihre Zunge. Das erste Wort, das sie klar und deutlich aussprach, war: „Gary." „Sie lernt jetzt sprechen wie ein kleines Kind", berichtet Gary.
„Am 7. Mai hat sie mir ‚Happy Birthday' vorgesungen", prahlt Gary. „Ich habe alles auf Video aufgenommen."

Vor dem Ende ihres Urlaubs besuchte die Familie noch den Golden Gate Park. Dort wagten sie es, in das Gebäude der Akademie der Wissenschaften zu gehen, in dem Videos über die Lebewesen am und im Meer gezeigt wurden. Das Kreischen der Möwen und die Geräusche der Lebewesen im Meer erfüllte den Raum. Joyce stand mittendrin, deutete hier hin und dort hin, klatschte und lachte. Gary stand stolz daneben und erklärte den verblüfften Umstehenden, dass Joyce bis zur vorhergehenden Woche taub gewesen war, bis Jesus sie vollkommen geheilt hatte. Ihr völlig fremde Menschen stürmten auf sie zu, um ihr zu gratulieren.

Bericht von Michelle Adams

Ich weiß noch gut, wie wir Joyce die Hände auflegten und wie sie auf dem Boden lag und im Geist ruhte. Gary war im Gottesdienstraum zu mir herüber gekommen und hatte erzählt, seine Cousine sei bei ihnen zu Besuch und habe sich bekehrt. Er fragte mich, ob ich für sie beten würde. Ich brauchte eine Weile, bis ich bei ihr war, weil sie sich am anderen Ende unseres großen Auditoriums befand, und weil bereits viele Leute am Boden lagen, an denen ich noch vorbei musste. Dazu kam, dass ich mir nicht ganz sicher war, nach wem ich eigentlich Ausschau halten sollte. Aber scheinbar zog mich der Heilige Geist förmlich zu ihr hin.

Als ich für sie betete, fiel sie zu Boden und war völlig außer Gefecht gesetzt. Dann hatte ich den Eindruck, ich solle meine Finger in ihre Ohren legen und für sie beten. Ich band den Geist der Taubheit und rief Hörfähigkeit ins Sein. Danach ging ich wieder zur anderen Seite des Auditoriums zurück, um dort weiter für Leute zu beten.

Nach einer Weile hörte ich einen Schrei von der gegenüberliegenden Seite des Gottesdienstraumes. Ich konnte sehen, dass die Leute dort über irgendetwas begeistert waren, was sich dort gerade ereignete. Als Joyce aufstand, erzählte sie allen Umstehenden, ihre Ohren seien geöffnet worden und sie könne zum ersten Mal seit fast vierzig Jahren Musik hören.

Es war ein großer Segen zu sehen, dass Gott so gewöhnliche Menschen wie mich gebrauchen konnte, um so außergewöhnliche Dinge zu tun! Ich empfand es als Ehre und Vorrecht, jemandem wie Joyce Heilung zu bringen! Es war ein überwältigendes Gefühl, und ich wollte das in der Zukunft unbedingt noch öfters tun.

7 Lebe wohl, Ruhestand!

Michelle war von der Erweckung nicht so erfasst worden wie ich. Sie hatte nichts gegen das, was ich tat, war aber auch nicht richtig davon begeistert. Sie ging mit mir zu den Treffen, beteiligte sich aber nicht sonderlich. Sie hatte einige Bedenken, als sie sah, dass ich mich in das Ganze so hineinsteigerte.

Ich spürte ihre Vorbehalte, als ich ihr eines Tages ankündigte, wir müssten alle unsere Zukunftspläne einstampfen. Es werde keinen vorzeitigen Ruhestand und keine Wohnmobil-Touren geben. Ich hatte nicht mehr das geringste Interesse an diesem Lebensstil. Letztlich akzeptierte sie dann meine Entscheidung.

Auf Grund dieser Vorgeschichte erwartete ich schon gar kein Verständnis von ihrer Seite, als ich Michelle eines Tages eröffnete, ich hätte den Eindruck, ich solle eine Reise in den Norden unternehmen. Ich war mir noch nicht einmal sicher, ob ich es selbst richtig verstanden hatte. Ich fragte sie lediglich, ob es ihr etwas ausmachen würde, wenn ich einige Tage verreisen würde, und gab ihr zu verstehen, ich wolle ein paar Tage alleine sein, um zu beten.

„Nun, wo willst du denn hin?“, fragte sie mich. Ich wusste nicht genau, was ich ihr antworten sollte. Meine Eltern waren einige Jahre zuvor in Spokane gewesen, und irgendwann hatten wir auch einmal ein paar Verwandte dort gehabt. Sonst wusste ich von keinen Kontakte in dieser Gegend. „Ich werde wahrscheinlich ein paar Tage nach Spokane gehen“, sagte ich. Sie erwiderte, das sei in Ordnung, solange ich sie anrufen würde, wenn ich dort angekommen sei, wo ich hinwollte.

In Wirklichkeit war mein Drang, dorthin zu fahren, allerdings wesentlich größer, als ich es in diesem Moment vor Michelle zugeben wollte. Wir waren beide in Redding aufgewachsen, waren dort zur Schule gegangen, hatten dort geheiratet und unsere Familie großgezogen. Eigentlich waren wir davon ausgegangen, den Rest unseres Lebens dort zu verbringen. Aber in letzter Zeit hatte mich das untrügliche Gefühl beschlichen, diesen Ort verlassen zu sollen. Das war nicht so einfach zu erklären, weil ich von der Erweckung, die wir in Redding gerade erlebten, immer noch absolut begeistert war.

Aber ich konnte einfach nicht leugnen, was ich fühlte. Gott hatte mir etwas gegeben, und ich musste Gebrauch davon machen. Er gab mir jeden Tag mehr Kraft, und ich musste sie für ihn wirken lassen. Man könnte sagen, es war mein Ruf nach Mazedonien, andere würden es meinen persönlichen Missionsbefehl nennen. Wie auch immer, Gott war dabei, meinen Geist in Bezug auf unseren Wohnort unruhig zu machen. Stattdessen gab er mir eine Liebe zu einem Ort, über den ich überhaupt nichts wusste.

Der Sonntagsschulklasse, die ich jeden Sonntagmorgen unterrichtete erklärte ich, dass ich am folgenden Wochenende nicht da sein würde, da ich in den Norden nach Spokane fahren wolle, um dort einige Tage im Gebet zu verbringen. Eine Frau, die an diesem Tag in der ersten Reihe saß und erst kurz zuvor ein Buch gelesen hatte, das Ken und Gloria Copeland über John G. Lake herausgegeben hatten, meldete sich zu Wort. „Das ist doch dort, wo John G. Lake herkam, und dort ist er auch begraben.“ Da ging mir auf, dass ich selbst einige Monate zuvor darüber gelesen hatte. Ich hatte es aber vollständig vergessen und es deshalb auch nicht mit Spokane in Zusammenhang gebracht.

Als ich von Redding nach Spokane fuhr, was etwa elf Stunden dauerte, musste ich ständig über die Worte dieser Frau nachdenken. Aus einem bestimmten Grund beschäftigte mich die ganze Zeit, dass ich ausgerechnet in die Stadt fuhr, in der John G. Lake so mächtig von Gott gebraucht worden war.

Auf der Fahrt fielen mir weitere Details über John G. Lake und Spokane ein. Ich erinnerte mich, dass er in dieser Stadt innerhalb von fünf Jahren einhunderttausend medizinisch nachgewiesene Heilungen erlebt hatte, und dass diese Stadt deshalb offiziell zur gesündesten Stadt der Welt erklärt worden war. Toll! Und ich war auf dem Weg in diese Stadt. Dieser Gedanke versetzte mich in Ehrfurcht und Erstaunen.

Ich kam zu dem Schluss, dass es in Spokane mehrere Dinge gab, die ich unbedingt sehen musste. Ich wollte das Gebäude sehen, wo all die Wunder geschehen waren. Das ursprüngliche Gebäude war einige Jahre nach Lakes Tod abgebrannt, war aber durch ein Gebäude mit dem gleichen Namen ersetzt worden. Ich fühlte mich gedrängt, dorthin zu gehen und dort zu beten.

Ich wollte außerdem den Versammlungsort sehen, an dem John G. Lake gewirkt hatte, ebenso das Haus, in dem er gelebt hatte, und ich wollte sein Grab sehen. Ich beschloss, zuerst das Grab zu suchen.

Spokane hat etwa 190.000 Einwohner, und im gesamten Einzugsgebiet leben etwa 400.000 Menschen. Ich hatte keinerlei Vorstellung, wo ich meine Suche nach dem Grab von John G. Lake beginnen sollte. So nahm ich einfach die erste Abfahrt von der Autobahn und hielt an einem kleinen Laden, um mir einen Stadtplan zu besorgen. Ich suchte nach den Friedhöfen und entdeckte, dass es drei größere und viele kleinere gab. Wo anfangen? Ich wählte schließlich einen aus und versuchte mein Glück. Erstaunlicherweise war es gleich der richtige. Als ich mich an die Auskunftsstelle des Friedhofes wandte und nach dem Grab von John G. Lake fragte, erhielt ich eine genaue Wegbeschreibung, und ich erfuhr, dass es das am häufigsten besuchte Grab der ganzen Stadt war.

Als ich am Grab dieses großen Mannes stand, ergriff mich eine wundersame Ehrfurcht. Er hatte eine Last getragen, und ich begann, die gleiche Last zu spüren. Er hatte eine besondere Salbung gehabt, und auch ich hatte das Gefühl, Gott wolle mir etwas ganz Besonderes geben.

Als ich an diesem Tag so dastand, kam mir die Geschichte von Elisa in den Sinn. Er hatte zu Lebzeiten eine solche Vollmacht besessen, dass noch nach seinem Tod ein Toter, den jemand in sein Grab warf, wieder zum Leben erweckt wurde. Wenn auf dem Leib von Elisa eine solche Salbung geruht hatte, so glaubte ich, müsse dasselbe auf für den Leib John G. Lakes gelten.

Verzweifelte Menschen greifen bisweilen zu verzweifelten Maßnahmen, und so kam es, dass ich mich an diesem Tag auf dem Friedhof von Spokane der Länge nach auf dieses Grab warf und anfing, zu Gott zu rufen: „Herr, lass die Salbung dieses Mannes auf mich kommen. Lass sie aus seinen Knochen heraufsteigen. Ich möchte die gleiche Vollmacht haben, die er hatte. Ich will die Wunder sehen, die er gesehen hat.“

Was ich an diesem Tag tat, hatte nichts mit John G. Lake zu tun. Ich dachte mit keinem Gedanken daran, ihn auf einen Thron zu heben. Ich wollte einfach nur das haben, was er auch gehabt hatte. Ich trachtete nach der gleichen Sache, nach der auch er getrachtet hatte. Auch ich wollte die Kranken und Leidenden meiner Zeit so segnen, wie er die Kranken und Leidenden seiner Zeit gesegnet hatte.

Zur gleichen Zeit waren auf dem Friedhof einige Männer damit beschäftigt, den Rasen zu mähen. Ich hoffte, dass sie mich nicht überfahren würden, alles andere aber war mir gleichgültig. Ich war verzweifelt.

Als ich schließlich aufstand, fragte ich den Heiligen Geist, was diese Männer und Frauen gesehen hatten, um zu einer solchen Vollmacht zu kommen. Er erklärte mir, sie hätten überhaupt nichts sehen müssen, sondern die Vollmacht sei durch das, was sie gehört hätten, auf sie gekommen. Die wahre Vollmacht erlangen wir aus dem Glauben, der aus dem Hören kommt, und dadurch verändert sich alles, was wir sehen.

Danach besuchte ich das ehemalige Haus der Familie Lake in der West Indiana Street 1523, ich suchte den alten Versammlungsort an der Kreuzung Sharp Street und Lincoln Street im Norden von Spokane auf, wo John G. Lake in der Stadt gepredigt hatte, und ich war am alten Rookery-Gebäude in der North Howard Street 14, in der Innenstadt von Spokane, wo sich die Heilungsräume befunden hatten.

Viele der Mieter in diesem Gebäude waren in neuere Anlagen umgezogen, so dass ein paar Räume leer standen. Das ganze Gebäude machte einen eher verlassenen Eindruck. Ich ging in den dritten Stock, weil ich mich daran erinnerte, dass sich dort die Heilungsräume befunden hatten und verbrachte dort einige Zeit damit, die Gänge auf und ab zu schreiten und zu beten.

Der Feind war an diesem Tag ebenfalls dort. Er flüsterte mir ins Ohr: „Was tust du hier eigentlich? Du bist doch nicht John G. Lake."

Ich wusste, dass dies stimmte und kehrte deshalb zum Grab zurück, um unter den hoch aufragenden Pinien, die das Grab umgaben, noch mehr zu beten.

Ich verbrachte in Spokane drei Tage im Gebet und fuhr dann nach Redding zurück.

8 Lebe wohl, Redding!

Auf der ganzen Strecke nach Redding machte ich mir Gedanken, wie ich Michelle von dem erzählen konnte, was mich bewegte. Gott wollte, dass wir nach Spokane in Washington zogen. Ich weiß nicht mehr genau, was ich zu ihr sagte; ich weiß lediglich noch, dass Michelle etwas schockiert war, aber eben nur zum Teil. Ihr war schon länger klar geworden, dass Gott etwas mit mir vorhatte. Sie war zwar immer noch nicht begeistert davon, aber bereit, mit mir zu kommen.

Sie hatte einige Zeit für Montgomery Wards in Redding gearbeitet. Als sie ihre Vorgesetzten von ihren Umzugsplänen informierte, erfuhr sie, dass sie sich in eine Filiale der Firma in der Nähe von Spokane versetzen lassen konnte. Ich war mir sicher, der Herr würde auch mir helfen, in Spokane irgendeine Arbeit zu finden, bis klar wäre, weshalb wir nach Spokane gekommen waren und was wir dort tun sollten.

Wir boten schon bald unser Haus und das Geschäft zum Verkauf an und organisierten einen Flohmarkt, um so viel wie möglich für die Dinge zu bekommen, die wir nicht mitnehmen wollten. Innerhalb weniger Monate waren wir soweit, unsere Möbel in einen Umzugs-Lkw zu verfrachten, unser Auto hinten dran zu hängen und die Stadt zu verlassen. Natürlich war es nicht ganz so einfach.

Unsere beiden noch lebenden Kinder waren bereits erwachsen. Carl war mit Dory verheiratet. Sie lebten mit unseren beiden Enkeln in der Gegend von San Francisco, und Jaime Michelle studierte in Sacramento. Wir verabschiedeten uns von Michelles und meinen Eltern, die alle in Redding wohnten. Auch von all unseren wunderbaren Freunden in der Bethel-Gemeinde mussten wir Abschied nehmen, was wirklich schwer war. Als wir endlich losfuhren und die Stadt verließen, liefen uns die Tränen über das Gesicht. Wir fragten uns, wie wir wohl all das ersetzen würden, was wir zurückließen.

Bevor wir umzogen, hatte ich bereits mehrere Reisen nach Spokane unternommen. Ich musste eine Arbeit finden, die uns finanziell tragen würde, bis wir klarer sahen. Ich fand dann auch eine passende Arbeit – ich arbeitete drei Tage die Woche als Aufseher über die Instandhaltung an staatlichen Einrichtungen für den Bundesstaat Idaho. Dafür musste ich 45 Kilometer hin und zurück nach Coeur d'Alene in Idaho fahren, was mir aber nichts ausmachte. Ich musste auch ein passendes Haus für uns finden und wollte noch weiter um Erkenntnis über den Plan Gottes mit uns in dieser Stadt beten.

Da unsere Zukunft noch so unklar war, hatten wir uns entschieden, noch kein Haus zu kaufen, sondern zunächst nur etwas zu mieten, vielleicht eine Doppelhaushälfte, bis wir uns besser eingelebt hätten. Ich kaufte mir eine Zeitung und fuhr in der Stadt umher, um mich nach etwas Geeignetem umzusehen. Bis zum späten Abend hatte ich aber noch nichts entdeckt, was mir gefallen hätte. Es wurde langsam dunkel, als ich mich dem letzten Angebot näherte, einer Doppelhaushälfte in einem Wohngebiet. Ich traf dort den Besitzer, der mich herumführte.

Die Hälfte des Hauses, die er mir zeigte, ließ er gerade umbauen, damit seine Mutter dort einziehen konnte. In der Hälfte, die er eigentlich vermieten wollte, wohnten zu der Zeit noch Leute, die aber innerhalb weniger Tage in ein Haus umziehen wollten, das sie kürzlich gekauft hatten. Mir gefiel das Haus, und ich sagte ihm, wir würden es nehmen. Als ich Michelle anrief, um ihr das Haus zu beschreiben, stimmte sie zu. Es schien für unsere Zwecke geeignet zu sein.

Nun waren wir also bereit zu fahren. Wir hatten uns von unseren Familien verabschiedet, und auch die Gemeinde hatte uns sehr herzlich ausgesandt. Der Lkw stand voll beladen da und alles war für die Abfahrt bereit, als plötzlich ein Anruf kam. Es war der Besitzer der Doppelhaushälfte. „Mr. Pierce", teilte er mir mit, „es tut mir sehr leid, aber ich muss Ihnen mitteilen, dass die Familie, die Ihre Hälfte des Hauses bewohnt, nicht rechtzeitig ausziehen konnte. Der Finanzierungsplan für das Haus, das sie gekauft haben, wurde nicht akzeptiert, und jetzt wissen sie nicht, wann sie einen neuen Kredit erhalten werden."

Als ich Michelle seine Worte weitergab, konnte ich mir gut vorstellen, was ihr durch den Kopf gehen mochte. Wir waren drauf und dran, in eine fremde Stadt zu ziehen, und nun hatten wir noch nicht mal einen Ort, wo wir wohnen konnten. Als ich aufgelegt hatte, versicherte ich ihr: „Wenn Gott uns nach Spokane schickt, dann wird er uns auch eine Wohnung geben. Lass uns einfach dafür beten und abwarten, was passiert."

Zwei Stunden später erhielt ich einen weiteren Anruf. Jemand hatte mir etwa einen Monat vorher den Namen eines christlichen Geschäftsmannes in Spokane gegeben. Den hatte ich angerufen, um ihn zu fragen, ob er mir bei der Suche nach einer Arbeitsstelle behilflich sein könne (das war, noch ehe ich den Job beim Bundesstaat Idaho angenommen hatte). Dieser Mann hatte mir gesagt, ich solle mich bei ihm melden, sobald ich in Spokane sei. Er würde mich bei einer Tasse Kaffee gerne besser kennen lernen. Jetzt war er am Telefon.

„Cal", sagte er, „ich habe gehört, dass du dabei bist, nach Spokane zu ziehen. Der Pastor unserer Gemeinde ist gerade weggezogen, weshalb das Pfarrhaus im Moment frei ist. Wir haben gebetet, dass Gott uns jemanden schickt, der dort einzieht. Hätten du und deine Frau vielleicht Interesse daran?"

Ich rief: „Halleluja, natürlich!"

An dem Tag, als wir in dieses Pfarrhaus einzogen, kamen unsere neuen Nachbarn, um uns beim Ausladen und beim Einräumen des Hauses zu helfen. Es war der wunderbare Anfang von etwas, was nach außen vielleicht wie eine unsichere Zukunft ausgesehen hatte. Aber ich war mir sicher, dass Gott genau wusste, was er da tat.

9 Einen festen Stand gewinnen

Wir waren uns immer noch nicht ganz im Klaren darüber, weshalb uns Gott nach Spokane geschickt hatte, aber wir waren fest entschlossen, dies herauszufinden. Wenn wir nicht unserer Arbeit nachgingen, mit der wir uns über Wasser hielten, dann waren wir damit beschäftigt, in der Nähe eine neue geistliche Heimat zu finden.

Etwas, was ich beibehielt, waren die Besuche am Grab von John G. Lake. Ich nahm mir sogar vor, es mindestens einmal im Monat aufzusuchen, um dort zu beten. Ich legte mich dazu nicht immer ausgestreckt auf das Grab, wie ich es beim ersten Mal getan hatte. Manchmal saß ich einfach nur unter dem großen Baum in der Nähe des Grabsteins und betete, und manchmal ging ich bei meinem Gebet den Weg auf und ab. Meist war ich dabei ganz für mich alleine und hatte so die Freiheit, Gott darum zu bitten, mir mehr von seinem Geist zu geben und mir seinen Willen für uns in dieser Stadt zu offenbaren.

Gleich nach unserer Ankunft in Spokane begannen wir, verschiedene Gemeinden in der Gegend zu besuchen. Bisweilen trennten wir uns und besuchten unterschiedliche Gottesdienste, um so mehr Gemeinden kennen lernen zu können. Wir suchten nach einer Gemeinde für uns, und wir waren auf der Suche nach Menschen, die uns dabei helfen konnten, zu beten und den Willen Gottes für uns in dieser Stadt herauszufinden.

Es war gar nicht so einfach, eine neue Gemeinde zu finden. Wir hatten ja die wunderbaren Erweckung in Redding erlebt, und so war es schwierig für die Gemeinden in und um Spokane, mit dieser Erfahrung mithalten zu können. Wir hatten uns an Gottesdienste gewöhnt, die bis spät in die Nacht dauerten und in denen wunderbare Dinge geschahen; etwas Ähnliches zu finden, war nicht gerade leicht.

In jeder Gemeinde, die wir besuchten, fragte ich die Leute, ob sie schon etwas über John G. Lake gehört hatten. Die meisten hatten von ihm gehört und erzählten mir, sie beteten und glaubten, dass die gleiche Heilungssalbung wieder in die Stadt zurückkehren würde. Viele waren dieser Meinung. Nach jedem solchen Gespräch hatte ich das Gefühl: „Du meine Güte. Inzwischen sind achtzig Jahre vergangen. Wie lange sollen wir denn noch beten?“

In jeder Gemeinde erkundigte ich mich nach den Gebetstreffen. Die meisten Leute erzählten mir, sie hätten früher einmal Gebetstreffen abgehalten, hätten sie aber abgesetzt, als die Leute ausgeblieben waren. Einmal fragte ich einen Pastor, ob ich kommen könne, um die ganze Nacht in seiner Kirche zu beten. Er dürfe mich abends einsperren und müsse mich erst am folgenden Morgen wieder herauslassen. Der Pastor schien von dieser Bitte sehr überrascht und meinte, dies sei das erste Mal, dass jemand einen solchen Vorschlag mache. Da er von dieser Idee nicht allzu begeistert schien, hielt ich lieber an meinen Gebetsbesuchen auf dem Friedhof fest.

Ich betete dort in jenem Herbst, als die Blätter von den Bäumen fielen. Ich betete dort auch in der folgenden Weihnachtszeit bei Schnee und Kälte. Ich betete im Frühling, als die ersten Blumen sich ihren Weg durch die Erde ans Licht bahnten. Und ich betete dort in der Hitze des folgenden Sommers.

Oft kam ich von meiner einsamen Wache nach Hause und sagte zu meiner Frau: „Liebling, ich muss wohl der einsamste Mensch auf der Welt sein. Der einzige Ort, der mir zum Beten bleibt, ist der Friedhof." Ich wusste nicht, weshalb meine Gebete den Arm Gottes scheinbar nicht bewegten. Der Himmel schien verschlossen. Aber ich konnte einfach nicht aufgeben. Ich blieb dran und machte einfach immer weiter.

Ich wusste, dass uns Gott aus einem bestimmten Grund nach Spokane geholt hatte, aber ich konnte noch nicht genau sagen, was dieser Grund war. „Herr", betete ich, „du hast dich nicht verändert. Ich weiß, dass du heute das Gleiche tun kannst, was du früher getan hast." Auch wenn es in diesem Moment noch nicht geschah, glaubte ich fest, dass es noch kommen würde.

Nachdem ein Jahr und drei Monate auf diese Weise vergangen waren – ich erinnere mich noch genau, dass es der 28. Februar war –, befahl mir der Heilige Geist, ein vierzigtägiges Fasten zu beginnen, und zwar vom Beginn der Fastenzeit (Aschermittwoch) bis zum Palmsonntag. Ich hatte schon früher ab und zu gefastet, aber selten länger als zwei Tage. Nun teilte ich also Michelle mit, ich würde vierzig Tage fasten. „Ich weiß noch nicht, wie ich das schaffen werde", gab ich zu, „aber ich muss es wenigstens versuchen." Und das tat ich.

Wir waren beide überrascht, wie gut die erste Woche meines Fastens verlief und ebenso die zweite, dritte und vierte. Schließlich konnte ich die vierzig Tage beenden. Während der letzten Tage dieser Zeit lenkte der Heilige Geist meine Aufmerksamkeit auf das erste Buch Mose und auf die Geschichte, wie Isaak die Brunnen wieder ausgrub, die seinem Vater Abraham gehört hatten. In den Jahren dazwischen hatten die Philister die Brunnen zugeschüttet und unbrauchbar gemacht; aber nun stellte Isaak sie wieder her, so dass sie von Neuem frisches Wasser hervorbringen konnten – für ihn selbst, für sein Volk und für seine Herden.

Mir fiel eine wichtige Einzelheit an Isaaks Geschichte auf. Er hatte ein Zelt aufgestellt, einen Altar errichtet und zu Gott geschrieen. Aber dann hatte er einen zweiten Schritt getan, der über das Gebet hinausging. Isaak musste handeln, wenn sich seine Vision erfüllen sollte. Er musste anfangen, die Brunnen wieder auszugraben.

Als die Brunnen ausgegraben waren, gab Isaak ihnen die gleichen Namen, die ihnen schon sein Vater Abraham gegeben hatte. Die Brunnen waren nun wiederhergestellt und taten den gleichen Dienst wie zur Zeit Abrahams.

Der Heilige Geist erklärte mir, dass es eine Zeit zu beten und eine Zeit zu handeln gibt. Ich würde nie auf dem Wasser gehen können, wenn ich nicht bereit wäre, aus dem Boot zu steigen. Der Heilige Geist zeigte mir weiter, dass, wenn ich nur bereit wäre loszugehen, Gott das bestätigen würde, was ich für ihn tun wollte. Ich musste die Brunnen der Heilung wieder ausgraben, ich musste damit beginnen, meine Vision in die Tat umzusetzen.

Während der letzten Tage dieses Fastens zeigte mir der Herr außerdem, dass ich zum Rookery-Gebäude zurückgehen und dort beten sollte. Ich war immer noch nicht John G. Lake, aber ich lernte den Gott, dem er gedient hatte, immer besser kennen. „Wenn du einen Brunnen wieder ausgraben willst", sagte der Herr, „dann musst du an den Ort des ursprünglichen Brunnens zurückgehen."

Während ich die Treppen des Rookery-Gebäudes hinaufstieg und den Gang auf der dritten Etage auf und ab ging, spürte ich, dass sich etwas verändert hatte. Der Feind war inzwischen zum Schweigen gebracht worden, und der Geist sagte zu mir: „Es war nicht John G. Lake, der es getan hat. Ich habe es getan, und ich bin immer noch hier."

In diesem Moment wusste ich, dass ich einige Räume in diesem Gebäude anmieten sollte, und dass ich Fürbitter zusammenrufen sollte, die mir dabei helfen konnten, die Brunnen der Heilung wieder auszugraben. Es gab keinen anderen Weg.

Wir machten uns umgehend daran, Fürbitter aus der Gegend zu einem Gebetstag eine Woche später, am 29. Mai 1999, zusammenzurufen. In aller Eile stellten wir eine Broschüre zusammen, die erläuterte, was wir an diesem Tag tun wollten, und wir verteilten sie an so viele Leute wie möglich. Die Absicht dahinter war nicht nur, Männer und Frauen zu finden, die den Ruf verspürten, uns an einem Tag im Gebet zu helfen, sondern ich hoffte, dass unter denen, die kommen würden, auch genügend vollmächtige Leute wären, aus denen wir unsere ersten Heilungsteams zusammenstellen könnten, um den Kranken der Gegend zu dienen.

10 Die erste Heilung in Spokane

Schon vom ersten Tag unserer Ankunft in Spokane an glaubten wir, dass Heilungswunder an den Kranken geschehen würden. Wir waren uns noch nicht im Klaren darüber, wie das geschehen sollte, aber wir waren sicher, dass der Herr es so führen würde.

Einer der ersten Gläubigen, die wir in der Stadt trafen, war Pat Deaton, ein Armeeangehöriger. Pat erzählte uns, er leide an Hepatitis C. Ich wollte gleich für ihn beten, aber in seiner Gemeinde gab es die Regel, dass nur diejenigen, die seit mindestens sechs Monaten der Gemeinde angehörten, für andere beten durften. Sie hatten scheinbar einige Probleme mit Leuten gehabt, die ständig von einer Gemeinde zu nächsten gegangen waren, und deswegen diese Regel eingeführt. Das konnte ich akzeptieren.

Fünf Jahre vor unserer Begegnung mit Pat war ein Mann mit einem Sturmgewehr in das Militärgelände eingedrungen, auf dem Pat stationiert war, und hatte angefangen, wild um sich zu schießen. Pat war einfach zum falschen Zeitpunkt am falschen Ort gewesen und hatte eine Kugel in die Schulter bekommen. Während der Operation, um die Kugel zu entfernen und die Wunde zu schließen, hatte er versehentlich eine infizierte Blutkonserve erhalten und sich dadurch die Hepatitis-Infektion zugezogen. Die Krankheit war inzwischen so weit fortgeschritten, dass er morgens nur noch mit Hilfe seiner Frau aus dem Bett kam. Im Alter von 39 Jahren stand ihm nun aus gesundheitlichen Gründen seine Entlassung bevor.

Ich fing an, Pat von den Verheißungen des Wortes Gottes über Heilung zu erzählen, und dass dies den Kindern Gottes zustehe. Ich versicherte ihm, Gott sei nicht nur fähig, ihn zu heilen, sondern er wolle dies auch tun.

Pat entgegnete mir: „Davon hat mir bisher noch keiner etwas erzählt." Ich konnte sehen, wie sein Glaube gestärkt wurde.

Weil ich aber entschlossen war, die Grenzen nicht zu überschreiten, die mir durch die Gepflogenheiten dieser einen Gemeinde auferlegt waren, war ich mir unsicher, wie ich weiter vorgehen sollte. Daher sagte ich zu ihm: „Lass mich diese Woche noch den Herrn suchen, wie wir weitermachen. Ich weiß, dass Gott dich heilen will. Vielleicht zeigt er uns ja einen Weg dazu."

Am folgenden Sonntag traf ich Pat wieder in der Gemeinde. Er kam zu mir her und fragte mich: „Was hat der Heilige Geist zu dir gesagt?"

Ich antwortete ihm: „Der Herr hat mir gesagt, dass du innerhalb von zwei Wochen geheilt sein wirst." Obwohl ich ihm das sagte und es für ihn vielleicht einfach klang, war es für mich ein Kampf, in dieser Sache gehorsam zu sein. Pat gehörte zu den Ältesten dieser Gemeinde und war seit mehr als zehn Jahren Mitglied. Er war in den christlichen Kreisen recht bekannt. Was aber noch schwerer wog, war, dass jeder in Spokane von der Schießerei in seiner Kaserne gehört oder gelesen hatte. Ich wollte mir meinen Ruf nicht gleich schon zu Beginn verderben und vor der ganzen Stadt als Narr dastehen.

Deshalb hatte ich zum Herrn gesagt: „Dann musst du es ihm sagen." Er bestand aber darauf, dass ich es tun sollte.

Ich blieb die ganze Woche über im Gebet, um zu hören, ob ich Pat nicht vielleicht doch noch etwas anders sagen sollte. Da ich aber nichts hörte, beklagte ich mich beim Herrn: „Aber was ist dann mit meinem Ruf?"

Da sagte der Heilige Geist zu mir: „Mein Sohn, du hast hier überhaupt keinen Ruf."

„Also gut, Herr, ich sag's ihm", willigte ich schließlich ein. „Aber du musst ihn heilen."

Darauf erwiderte der Herr: „Endlich hast du's kapiert."

Kaum hatte ich Pat mitgeteilt, was mir der Herr gesagt hatte, fing er an, es allen seinen Freunden und Angehörigen zu weiterzuerzählen. Es wäre mir lieber gewesen, wenn er die Sache für sich behalten hätte, und das sagte ich ihm auch, aber das konnte er einfach nicht. So war er eben.

Da sich diese Geschichte wie ein Lauffeuer verbreitete, geriet ich ziemlich unter Druck und schrie voller Verzweiflung zum Herrn. Ich weiß nicht, ob ich mehr für Pats Heilung oder für meine eigene Zukunft und meinen Dienst in dieser Stadt betete.

Pat war plötzlich äußerst zuversichtlich und fing an, über seine Heilung zu sprechen, als sei sie eine beschlossene Sache. „Nur noch eine Woche", erklärte er, „und dann bin ich geheilt." Er war ganz offensichtlich fest davon überzeugt, und das machte mich um so nervöser.

Am Donnerstag dieser Woche nahm ich an einem Lobpreis- und Gebetsabend der Gemeinde teil. Pat kam voller Begeisterung zu mir herüber und erzählte mir: „Meine Kinder fragen mich schon: ‚Papa, an welchem Tag genau wirst du geheilt?'"

„Ach du meine Güte“, dachte ich. „Jetzt erwartet schon die ganze Familie, dass er geheilt wird, und zwar jeden Moment.“

Ich fürchtete mich regelrecht vor dem Sonntag, doch als er kam, sprach ich zwar mit Pat in der Kirche, aber es fiel kein Wort über seine Heilung. Für mich sah er aus wie immer. Ich konnte keinerlei Veränderung feststellen. Ich fragte mich, ob er wohl die Frist von zwei Wochen, die der Herr für seine Heilung gesetzt hatte, vergessen hatte.

Am Donnerstag darauf hatte ich noch immer nichts von ihm gehört. Ich ging in den Gottesdienst, setzte mich aber in die hinterste Ecke, in der Hoffnung, dass mich dort keiner bemerken würde. Dann, gegen Ende des Gottesdienstes, sah ich Pat plötzlich. Er kam auf mich zu, und ein weiterer Ältester der Gemeinde war bei ihm.

Die Spannung brachte mich fast um. Würde er eine gute Nachricht für mich haben? Oder kamen sie, um mich für meine falsche Prophetie zurechtzuweisen? Würde ich jetzt zum Gespött der ganzen Stadt werden?

Ich begrüßte die beiden Männer, und Pat setzte sich neben mich. Ich war ganz nervös, als er endlich anfing: „Cal, ich möchte dir erzählen, was passiert ist. Als ich am Montag aufstand, fühlte ich mich echt gut. Ich ging zur Krankenstation unserer Kaserne und bat sie, mir etwas Blut abzunehmen, um es noch mal zu testen. Später riefen sie mich an, sie wollten noch weitere Tests durchführen. Sie baten mich, eine größere Blutprobe abzugeben, die sie an ein externes Labor schicken wollten.“

„Als die Testergebnisse da waren, wurde ich in das Büro des Chefarztes gerufen. Er ließ mich Platz nehmen und erklärte mir die Testergebnisse. ‚Pat,‘ sagte er, ‚wir haben Sie hier jetzt in den vergangenen Jahren behandelt, und Ihre Krankenakte bei uns ist fast zehn Zentimeter dick. Wir haben Ihnen bereits vor einiger Zeit gesagt, dass Hepatitis C nicht heilbar ist. Selbst, wenn wir dem Fortschreiten der Krankheit Einhalt gebieten könnten, würden immer noch die Nachwirkungen bleiben. Wenn jemand einmal Hepatitis gehabt hat, wird sich das nicht verbergen lassen.‘“

„‚Ich erzähle Ihnen das alles so genau, weil in Ihrem Fall etwas sehr Ungewöhnliches eingetreten ist. Wir können uns den Laborbefund selbst nicht erklären. Wir wissen, dass Sie Hepatitis C gehabt haben, aber beide Testergebnisse, die wir zurückbekommen haben, stimmen darin überein, dass Sie vollständig frei von dieser Krankheit sind.‘“

Wir waren alle überglücklich über diese guten Nachrichten, und es gab keinen glücklicheren Menschen als mich. Ich ermutigte Pat, dem Herrn die Ehre zu geben und allen davon zu erzählen, was Gott an ihm getan habe. Am folgenden Sonntag tat er genau das in der Gemeinde, und im Saal brach donnernder Applaus und Lobpreis aus.

Einige Tage später war Pat wieder in der Kaserne und unterhielt sich gerade mit der Sekretärin des befehlshabenden Generals, als der General persönlich vorbei kam. Pat erzählte ihm, wie Gott ihn geheilt hatte. Auch anderen Offizieren konnte er seine Geschichte erzählen; dadurch erhielt Jesus die Ehre.

Gott benutzte Pat und sein Zeugnis darüber hinaus auch, um die Nachricht von seiner Güte an andere in der Stadt weiterzugeben. Gott war in Spokane am Werk. Daran hatten wir keinen Zweifel mehr.

11 Auch andere haben den Weg bereitet

Als ich am darauffolgenden Dienstag spät abends nach Hause zurückkehrte, berichtete mir Michelle, ein Mann aus Vancouver/Washington habe bereits mehrere Male angerufen und versucht, mich zu erreichen. Sie sagte, sein Name sei Timothy Johnson.

Ich glaubte nicht, jemand mit diesem Namen zu kennen, aber da er seine Telefonnummer mit der Bitte hinterlassen hatte, ich solle ihn unbedingt zurückrufen, egal, wie spät ich zurückkäme, rief ich ihn an. Das führte zu einem absolut denkwürdigen Gespräch, das die nächsten beiden Stunden in Anspruch nahm.

„Ich habe erst kürzlich davon gehört, was du in Spokane vorhast“, erklärte mir Tim Johnson. „Das Verblüffende daran ist, dass Gott mich zusammen mit einem Freund in den letzen anderthalb Jahren mehrmals in diese Stadt geschickt hat, um genau diesen Dienst vorzubereiten.“ Er hatte recht. Das war wirklich verblüffend! Ich wollte unbedingt mehr darüber hören.

„Tom Benson und ich sind gerade von einer Heilungskonferenz in Kanada zurückgekommen“, erzählte er weiter. „Als wir auf den Beginn der Veranstaltung warteten, kam ein Mann herein, der sich neben uns setzte. Ich stellte mich vor, und er sagte uns, er käme aus Spokane. Als ich ihm davon erzählte, dass Tom und ich gerade einen Dienst in Spokane beendet hatten, wollte er wissen, um was für einen Dienst es sich gehandelt habe. Ich sagte ihm, wir hätten mehrere Reisen nach Spokane unternommen, um das vorzubereiten, wovon der Heilige Geist als einer neuen Ausgießung von Heilungskraft auf diese Stadt spricht. Da holte er deine Broschüre aus der Tasche und gab sie mir. Ich war so verblüfft!“

Im August 1996 hatten Tim und Tom an einer Veranstaltung in Spokane teilgenommen, die von dem bekannten Propheten Bob Jones durchgeführt worden war. Bob hatte damals prophezeit, vor den Toren der Stadt Spokane werde eine neue Heilungssalbung entstehen, die dann in die Stadt gebracht werden und schließlich von hier aus in alle Welt hinausgehen würde. Tim und Tom glaubten dieser Prophetie und waren bereit, alles zu tun, was nötig war, damit sie sich erfüllen würde.

Etwa zur gleichen Zeit, als Gott Michelle und mich nach Spokane brachte, hatte er auch Timothy Johnson und Tom Benson hergebracht. Sie kamen aus Vancouver/Washington, um alles für die Heilungssalbung vorzubereiten, die für diese Stadt verheißen war, um dann in die ganze Welt hinausgetragen zu werden.

Natürlich war ihre Geschichte noch tiefer gehend. Diese Männer hatten große Opfer gebracht, um dem Herrn gehorsam zu sein, damit sein Segen auf Spokane kommen konnte. Jede einzelne Fahrt in diese Stadt kostete sie mindestens siebeneinhalb Stunden Fahrt in eine Richtung, außerdem hatten sie auch mehrere Male längere Zeiten gefastet, weil sie für diese Stadt geglaubt hatten. Auch sie waren an das Grab von John G. Lake geführt worden, um dort zu beten, und sie hatten ebenfalls am Rookery-Gebäude gebetet. Der Heilige Geist hatte zu ihnen gesagt: „Ich sende euch, um den Weg für Heilung vorzubereiten.“ Seit sie diesen Ruf erhalten hatten, hatten sie etwa alle sechs Monate ein vierzigtägiges Fasten durchgeführt und waren für mehrere Tage nach Spokane gefahren, um dort zu beten.

Das war echt erstaunlich. Diese Männer kannten uns nicht, und auch wir kannten sie nicht, aber dennoch hatte Gott zu jedem von uns völlig unabhängig voneinander über genau dieselbe Last gesprochen. Wie wunderbar!

Timothy erzählte mir in Kürze, was den beiden Männern auf ihren Reisen nach Spokane noch so widerfahren war.

„Das erste, was Bob Jones uns auf dieser Konferenz mitteilte, war das, was er im Geist gesehen hatte, als er sich auf die Veranstaltungen in Spokane vorbereitete. Zunächst hatte er eine riesige Pythonschlange über der Stadt gesehen. Ihm wurde dann die Autorität gegeben, die Schlange mit einem Schwert hinter dem Kopf zu treffen, er konnte sie aber nicht töten. Der Herr sagte ihm, dies müssten die örtlichen Gemeinden selbst tun. Dann hieb er auf die Fortpflanzungsorgane der Schlange ein, damit sie sich nicht weiter vermehren konnte, bis die Gemeinde zu der nötigen Einheit gefunden hätte, um sie endgültig zu töten.“

„Dann hatte er noch den Engel gesehen, den Gott über diese Gegend eingesetzt hatte. Dieser Engel sah sehr lädiert und abgekämpft aus, weil er in heftige Schlachten mit den dämonischen Heerscharen verwickelt gewesen war und dabei nur wenig Unterstützung erhalten hatte. Das Volk Gottes müsse in der Fürbitte zu neuer Einheit finden, erklärte er uns damals, damit mehr Engelscharen in die Gegend gerufen werden könnten."

„In den Monaten, bevor wir das erste Mal nach Spokane fuhren, um dort Bob Jones zu hören, hatten wir mehrmals etwas über den Dienst von John G. Lake gelesen. Bis dahin hatten wir noch nichts von ihm gehört. Aber jetzt gab es mehrere neue Bücher über sein Leben und seinen Dienst, und überall wurden die Menschen dadurch bewegt. Viele glaubten, dass die Salbung, die ihm solchen Erfolg gebracht hatte, erneut nach Spokane zurückkehren würde."

„Ich kaufte mir dann selbst eines dieser Bücher, und beim Lesen wurde mein Herz tief berührt. Ehe wir zu der Konferenz in Spokane aufbrachen, sagte uns der Herr, wir sollten das Grab von John G. Lake aufsuchen, während wir in der Stadt seien. Dort sprach der Herr dann erneut zu mir; er sagte: ‚Ich werde die Heilungssalbung wiederherstellen, die auf John G. Lake gewesen ist. Sie wird in Spokane ihren Anfang nehmen und sich dann von hier aus wie ein Lauffeuer über ganz Amerika ausbreiten. Die Erweckung im Nordwesten wird ebenfalls in Spokane beginnen.' Ich hatte den Eindruck, dass sich die Wurzeln der riesigen Pinie über dem Grab bis hinunter zu den Knochen dieses Mannes Gottes erstreckten, und dass sie die Kraft für eine neue Generation von Männern und Frauen im Heilungsdienst heraufholten."

„Als Bob Jones dann an diesem Abend erzählte, der Herr habe ihm beim Verlassen des Flugzeugs befohlen, er solle zum Grab von John G. Lake gehen, um dort zu beten, hat es uns echt ‚umgehauen'. Er erzählte, der Herr habe ihm offenbart, der Baum, der seine Wurzeln bis in das Grab hineinstreckt, sei ein prophetisches Zeichen Gottes, dass er die Salbung, die auf seinem Diener gewesen war, zu neuem Leben erwecken wolle. Die Zapfen der Pinie waren für ihn ein Symbol für den Samen, der sich jetzt multiplizieren würde. Diese neue Salbung, so erklärte Bob Jones, werde zehnmal größer sein als alles bisher Dagewesene."

„Als wir gerade einmal wieder eine Fastenzeit beendet hatten", fuhr Tim fort, „fragte ich Gott, ob es jetzt an der Zeit sei, in die Stadt zurückzukehren, und der Herr sagte ja. Ich rief Tom an und fragte ihn, ob er mit mir mitkommen könne. Er gab mir zu verstehen, er sei gerade sehr beschäftigt und könne nicht versprechen, mit mir zu kommen. Ich schlug ihm deshalb vor, er solle während der Woche darüber beten und Gott um Wegweisung bitten. Wenn der Herr es ihm bestätigen würde, würden wir am Samstag losfahren."

Tom fing also an zu beten, und der Heilige Geist sprach zu ihm: „Geh in die Garage und nimm den Stab, den du vor ein paar Monaten im Wald mit den Redwood-Bäumen im Valley of the Giants (Tal der Riesen) geschnitten hast. Hole ihn ins Haus und schreibe meinen Namen darauf: Elohim." Tom hielt das für eine sehr seltsame Bitte, aber er war gehorsam.

„Und jetzt", drängte ihn der Heilige Geist, sobald er damit fertig war, „rufe Tim an und sage ihm, dass du mitfahren wirst." Als Tom Tim berichtete, was Gott ihm soeben befohlen hatte, war er sehr erstaunt zu hören, dass auch Tim gerade mit einem Stab an seinem Küchentisch saß, auf den er soeben die Namen Gottes geschrieben hatte. Es hatte also wirklich den Anschein, als wolle Gott ihnen beiden etwas sagen. Beide Männer nahmen ihre Stäbe mit, als sie an diesem Wochenende dann nach Spokane fuhren. Sie benutzten sie, als sie durch die Stadtviertel spazierten, für die sie beten sollten.

Als der Herr sie zum ersten Mal zum Rookery-Gebäude sandte, liefen sie betend in der näheren Umgebung des Gebäudes herum. Sie schlenderten gerade auf der gegenüberliegenden Straßenseite des Gebäudes durch einen Bereich mit Essenverkaufsständen, als sie auf eine dämonische Macht stießen, die sie beinahe zu Boden stieß. Tim erzählte mir: „Ich hatte plötzlich das Gefühl, mitten in einem Magnetfeld zu stehen. Ich konnte am ganzen Körper statische Aufladungen spüren. Etwas fühlte sich sehr kalt und schrecklich böse an. Ich kann gar nicht beschreiben, wie grässlich und dämonisch sich diese Präsenz anfühlte. Auch Thomas spürte es und fragte mich: ‚Was ist das denn?'"

„Wir gingen weiter in einen anderen Teil der Innenstadt, und als wir später zurückkamen und wieder an dieser Stelle vorbeimussten, spürten wir das Gleiche wie vorher. Tom hatte den Eindruck, dass wir einem Fürsten über Dämonen begegnet waren, der über diese Stadt herrschte. Er konnte die Arroganz und den Spott dieses Dämons richtiggehend spüren, der sich zu brüsten schien: ‚Das ist meine Stadt, und niemand wird mich stürzen.'" Das würden wir ja noch sehen.

„Am Silvesterabend des Jahres 1997 luden meine Frau und ich einige prophetisch begabte Freunde zu uns nach Hause ein, um dort zu beten. Gott offenbarte uns in dieser Nacht viele wunderbare Dinge. Nach dem Gebet übernachtete Tim in unserem Haus. Am nächsten Morgen sprachen wir über einen

Traum, den ich über die kommende Heilungserweckung in Spokane gehabt hatte. Ich hatte vom Herrn immer wieder ein Wort über einen ‚See der Medizin' gehört. Wir holten einen Stadtplan von Spokane und suchten nach etwas, auf das diese Beschreibung zutreffen konnte, aber auf den ersten Blick schien sich nichts anzubieten."

„Dann holte meine Frau Betty eine bessere Karte, und was wir darauf fanden, erstaunte uns sehr. Am Stadtrand von Spokane gab es einen See, der auf dieser Karte eindeutig mit ‚Medical Lake' (medizinischer See) bezeichnet war. Wir fragten uns, ob es das war, worum sich die Prophetie von Bob Jones drehte. Die Heilungserweckung sollte demnach außerhalb von Spokane beginnen. Würde sie hier am Medical Lake ihren Anfang nehmen?"

„Wir setzten uns vor den Computer und suchten im Internet nach weiteren Informationen über den Medical Lake. Wir fanden heraus, dass ‚Medical Lake' gleichzeitig der Name einer kleinen Stadt war, die etwa acht Kilometer außerhalb von Spokane am Ufer des Medical Lake lag. Der See war von einem französischsprachigen, kanadischen Schafhirten namens Lefever entdeckt worden. Er war Anfang des 19. Jahrhunderts eines Tages zum Schwimmen an diesen See gekommen und sofort von seiner rheumatoiden Arthritis geheilt worden, die sich bereits in fortgeschrittenem Stadium befunden hatte. Er hatte dem See einen französischen Namen gegeben, der dann mit Medical Lake übersetzt worden war."

„Auch die in der Gegend ansässigen Indianer hatten bereits die heilenden Kräfte des Wassers aus dem Medical Lake entdeckt. Sie hatten rund um den See Dampfbäder errichtet, in denen sie das Wasser über erhitzte Steine gossen und in dem daraus entstehenden Dampf badeten. Sie schrieben diesem Brauch viele Heilungen zu."

„Später fand man heraus, dass das Wasser des Medical Lake einen besonders hohen Mineralgehalt hat und deshalb beim Verdampfen einen kristallinen Bodensatz hinterlässt. Die Indianer brachten diese Salze auch zu den Stämmen, die weiter entfernt vom See wohnten. Viele von ihnen behaupteten, durch den Gebrauch des Salzes geheilt worden zu sein."

„Im April des gleichen Jahres ließ uns der Herr eine längere Fastenzeit durchführen. Er wollte uns erneut nach Spokane senden. Wir wussten noch nicht, was wir dort alles tun sollten, aber eine Sache zeigte der Herr uns sehr genau. Wir sollten

Freisetzung über der Stadt ausrufen, und danach sollten wir unsere Fastenzeit in Spokane beenden."

„Als wir in die Stadt hineinfuhren, fiel uns richtig auf, wie viele Krankenhäuser und Kliniken es dort gab. Wir suchten uns einen guten Stadtplan, um uns einen besseren Überblick über dieses Phänomen zu verschaffen. Die Stadt, die einmal zur „gesündesten Stadt Amerikas" erklärt worden war, war inzwischen ganz offensichtlich zu einem Ort mit vielen Krankheiten geworden."

„Dieses Mal waren wir fest entschlossen, mehr über die dämonische Macht zu erfahren, der wir in der Nähe der Stadtmitte begegnet waren. Als wir uns das erste Mal diesem Bereich mit den Essensständen näherten, wo wir sie zuvor bemerkt hatten, trafen wir sie auch prompt wieder an. Nachdem wir in unser Hotelzimmer zurückgekehrt waren, fingen wir an, Gott zu fragen, mit wem oder was wir es da eigentlich zu tun hatten."

„Tom schlug seine Bibel bei der Geschichte von David und Goliat auf und begann, sie laut vorzulesen. Dann bat ich ihn, sie noch einmal vorzulesen, dieses Mal etwas langsamer. Als er sie erneut vorlas, hatten wir beide den Eindruck, dass es der Geist Goliats war, der Einschüchterung über der Stadt Spokane verbreitet hatte und verhinderte, dass die Heilungssalbung erneut in die Stadt fließen konnte."

„Einige Minuten später entschlossen wir uns, noch einmal hinauszugehen, um in einem Einkaufszentrum etwas zu kaufen. Auf unserem Weg dorthin fiel unser Blick auf eine große Werbetafel. Dort stand: BURGER HUT – DIE HEIMAT DES GOLIAT BURGER. Gott bestätigte also das, was er uns erst einige Minuten zuvor gesagt hatte."

„An diesem Abend sagte uns der Herr, wir sollten am nächsten Morgen zum ersten Mal zum Medical Lake hinausfahren. Wir gingen betend um den Sees herum und erhielten dabei den Eindruck, wir sollten unsere Stäbe ins Wasser stoßen, um es ‚aufzuwirbeln'. Wir waren uns sicher, dass in dem Moment, wo wir unsere Stäbe hineinhalten würden, das Wasser ‚bewegt' werden würde. Tom brach in Tränen aus, als der Herr ihm zeigte, dass das heilende Wasser des Sees nicht allein für Spokane bestimmt war, sondern auch zur Heilung der Nationen dienen würde."

„Als eine prophetische Handlung nahmen wir etwa 20 Liter Wasser aus dem See mit und brachten es an eine Stelle, wo wir es in den Spokane River hineingießen konnten. Der Fluss nahm dieses Wasser dann mit nach Spokane hinein. Als wir das Wasser in den Fluss gossen, wurde Tom von seinen Gefühlen überwältigt und rief aus: ‚Diese Heilung wird in alle Nationen der Erde fließen.'"

„Als wir an diesem Abend in einem kleinen Restaurant in der Nähe aßen, hatten wir den Eindruck, dass wir noch eine Sache zu erledigen hatten: Wir sollten am nächsten Tag noch eine Prophetie gegen den ‚Riesen-Geist' über dieser Stadt aussprechen. Dann seien wir frei, nach Hause zurückzukehren."

„Dabei hörten wir, wie sich einige Frauen am Nachbartisch über eine Veranstaltung unterhielten, die in der Nähe stattfinden sollte. Es war ganz offensichtlich, dass sie geisterfüllt waren, und deshalb sprachen wir sie an. Zu unserer großen Überraschung und Freude hörten wir, dass sie geisterfüllte Katholikinnen waren. Wir hatten schon von dem Werk gehört, das der Herr unter Katholiken tat, waren aber noch nie persönlich geisterfüllten Katholiken begegnet."

„Diese Frauen stammten aus Montana und waren nach Spokane gekommen, um an einer Heilungskonferenz an der Gonzaga-Universität teilzunehmen. An diesem Abend sollte die Abschlussveranstaltung stattfinden, bei der speziell für Salbung und Heilung gebetet werden würde. Sie luden uns ein, sie zu begleiten."

„Das klang wie eine wunderbare Gelegenheit, den Katholiken unsere Salbung weiterzugeben. Sie hatten es schließlich bitter nötig, nicht wahr? Also beschlossen wir, mit ihnen zu gehen."

„Wir kamen mit vielen Ideen und Vorstellungen in die Veranstaltung, wie wir unseren Geschwistern dort dienen könnten. Was dann aber geschah, versetzte uns in Erstaunen. Die Anbetungszeit des Gottesdienstes war gewaltig, und je länger sie dauerte, desto mehr überführte uns der Heilige Geist, dass wir über unsere katholischen Geschwister so falsch geurteilt hatten. Die Salbung in diesem Saal war sehr mächtig; sie hatten wirklich keine Hilfe von uns nötig."

„An diesem Abend sagte uns der Herr, dass das, was er hier vorhabe, weit über ‚Protestanten' oder ‚Katholiken' hinausgehen und den gesamten Leib Christi erfassen werde. Dieser erneuerte Geist der Einheit werde dann auch in der Lage sein, Goliat zu stürzen."

„Am Ende des Abends reihten wir uns mit den anderen in die Schlange, um von den Priestern gesalbt zu werden. Diese legten uns allen die Hände auf, und unter der Kraft Gottes fielen viele in alle Richtungen zu Boden. Der Boden des Auditoriums war ganz mit Menschen bedeckt. Tom und ich waren betrunken im Heiligen Geist. Wir hatten jetzt das Gefühl, so richtig für unsere wichtigste Aufgabe am folgenden Morgen bereit zu sein."

„An diesem Morgen parkten wir vor dem Rookery-Gebäude. Wir hatten geplant, zuerst unsere Sache mit Goliat hinter uns zu bringen. Dann wollten wir uns noch gegenseitig vor dem berühmten Gebäude fotografieren, ehe wir die Stadt verließen. Wir standen vor dem Gebäude, als wir unsere Stäbe erhoben und das Wort des Herrn gegen den Feind proklamierten, der die Stadt gebunden hielt. Wir riefen Freiheit für die Stadt aus, und erklärten, dass sie erneut zu einer Stadt der Heilung, Zuflucht und Befreiung für alle werden würde, die vom Teufel bedrängt waren. Dann schlugen wir mit unseren Stäben sieben Mal auf das Pflaster."

„Waren wir jetzt fertig? Nun, wir wussten lediglich, dass wir unseren Teil getan hatten. Der Rest war Gottes Sache. Als wir schon am Gehen waren, entdeckte Tom zwei Straßen weiter ein Schild, auf dem DAVID'S PIZZA stand und auf dem Michelangelos ‚David' abgebildet war. Als wir die erste Offenbarung über den Geist von Goliat empfangen hatten, hatte uns der Herr dies innerhalb von zwanzig Minuten bestätigt, und diesmal gab er uns nach wenigen Minuten erneut die Bestätigung, dass der Riese fallen würde. Wir verließen Spokane voller Freude."

„Sechs Monate später sprach der Herr zu Tom über eine kleine katholische Kirche in Medical Lake. Wir wussten nicht genau, ob es dort eine solche gab oder nicht, aber sein Geist war durch etwas beunruhigt. Wir begannen ein weiteres vierzigtägiges Fasten. Während dieser Zeit fragte Tom eine Bekannte, ob sie irgendetwas über eine katholische Kirche in Medical Lake wisse. Sie fand heraus, dass es in Medical Lake nicht nur eine sehr alte katholische Kirche gab, sondern auch, dass dort jeden Monat zwei Heilungsgottesdienste stattfanden. Sie hatte den Eindruck, dass es sich dabei um etwas sehr Ungewöhnliches handelte."

„Als ich das hörte, erkundigte ich mich bei der Auskunft nach der Nummer dieser Kirche in Medical Lake und rief dann dort an, um nachzufragen, wann der nächste Heilungsgottesdienst stattfinden würde. Zu meiner großen Überraschung erfuhr ich, dass der nächste Heilungsgottesdienst genau auf den Abend meines vierzigsten Fastentages fiel. Gottes Zeitplanung hätte nicht perfekter sein können!"

„Einige Tage, bevor wir uns nach Medical Lake aufmachten, gab mir der Herr einen besonderen Vers, der für den katholischen Priester von Medical Lake bestimmt war. Wir hatten ursprünglich vor, zuerst nach Spokane hineinzufahren, uns dort wie sonst ein Zimmer zu suchen, und dann rechtzeitig zum Samstagabendgottesdienst nach Medical Lake zu fahren. Aber unterwegs sprach der Herr zu mir, wir sollten noch am selben Abend nach Medical Lake fahren – auch wenn es schon recht spät sein werde, wenn wir dort ankämen. Ich erzählte Tom nicht sofort davon. Etwa zwanzig Minuten später meinte er: ‚Ich glaube, der Herr hat mir gerade gesagt, wir sollten schon heute Abend nach Medical Lake fahren.'"

„Als wir an diesem Abend etwa gegen 21.30 Uhr in Medical Lake ankamen, suchten wir sofort die katholische Kirche (in der Lake Street) auf. Als wir um die Kirche herumgingen, schien alles dunkel zu sein, nur in einem angrenzenden Haus war noch Licht; also gingen wir dort zur Tür und klopften."

„Ein Mann mittleren Alters öffnete uns und stellte sich als Pater Tom Mele vor. Wir setzten uns mit ihm in sein Wohnzimmer und erzählten ihm die Geschichte, wie der Herr uns bis vor seine Haustüre geführt hatte. Wir waren uns nicht sicher, wie er den Bericht über unsere Offenbarungen und Prophetien aufnehmen würde, hielten aber nichts zurück."

„Als wir ihm den größten Teil der Geschichte erzählt hatten, sagte ich ihm, der Herr habe mir ein besonderes Wort für ihn gegeben. ‚Das ist das Wort:', erläuterte ich. ‚Was kein Auge gesehen und kein Ohr gehört hat und was noch nicht in dein Herz gekommen ist, Pater Tom, hat Gott für dich vorbereitet, weil du ihn liebst.' In diesem Moment trat ein Ausdruck kompletten Erstaunens auf sein Gesicht und er entschuldigte sich für einen Augenblick."

„Wir hörten, wie er im Hintergrund mit einigen Papieren raschelte, und als er zurück kam, hatte er eine kleine Karte in der Hand. ‚Ich muss Ihnen das erklären,' sagte er. ‚Heute ist der zwanzigste Jahrestag meiner Priesterweihe. Ich war in den Dienst getreten, weil der Herr mir eine Verheißung gegeben hatte. An dem Tag, an dem ich zum Priester geweiht wurde, verteilte ich an alle meine Freunde eine Karte, auf der diese Verheißung abgedruckt war. Hier, das ist noch eine dieser originalen Karten von vor zwanzig Jahren.' Zu unserem großen Erstaunen standen auf der Karte genau die Worte, die ich dem Priester soeben zitiert hatte – ich hatte sie lediglich persönlich ausgedrückt."

„Pater Tom war von unserem Besuch so tief berührt, dass wir alle auf die Knie fielen und gemeinsam beteten. Zu unserer großen Freude hörten wir ihn im Geist, in anderen Sprachen beten.“

„Wir hatten uns für diese Nacht ein Zimmer in einem Motel in der Nähe von Medical Lake genommen; am folgenden Tag gingen wir in die Stadt. Es war der letzte Tag unserer Fastenzeit, und ich hatte Hunger auf einen Hamburger. ‚Lass uns doch einen dieser Goliat-Hamburger besorgen,‘ sagte ich zu Tim, und wir fuhren in diese Richtung.“

„‚Es würde mich nicht wundern, wenn Goliat Burger inzwischen dicht gemacht hat,‘ bemerkte Tim noch, als wir auf dem Weg dorthin waren. Weniger als eine Minute später wollten wir unseren eigenen Augen nicht trauen. Die komplette Betonkonstruktion war eingerissen, und es war lediglich noch ein Haufen Schutt übrig. Da sprach der Herr zu uns: ‚Was ihr hier im Natürlichen seht, ist nur ist die Auswirkung dessen, was im geistlichen Bereich stattgefunden hat.‘ Wir kehrten in die Gegend um das Rookery-Gebäude zurück, um herauszufinden, ob wir einen Unterschied feststellen konnten. Die fürchterliche Macht, die wir bei unseren vorhergehenden Besuchen gespürt hatten, war jetzt verschwunden. Da wir nun keinen Goliat-Burger mehr essen konnten, um unser Fasten zu brechen, einigten wir uns schließlich auf eine David-Pizza. Sie war köstlich.“

„Der Gottesdienst in der katholischen Kirche in Medical Lake war großartig. Die Gemeindesekretärin gab uns ein altes Buch über die 150-jährige Geschichte dieser Kirche. In dem Buch fanden wir auch das Zitat eines Geistlichen, der gesagt hatte: ‚Der Medical Lake im Bundesstaat Washington ist der Teich Betesda unserer Tage.‘“

„Nach unserer Rückkehr schlugen wir gleich die Bedeutung des Wortes *Betesda* nach. Es bedeutet ‚Haus der Barmherzigkeit‘. Der ursprüngliche Teich Betesda befindet sich direkt neben der heutigen St.-Anna-Kirche in Jerusalem. Jetzt hatte Gott also die amerikanische Version davon nicht weit von der kleinen katholischen Kirche in Medical Lake eingerichtet. Der Name dieser kleinen Kirche ist ebenfalls St. Anna. Faszinierend!“

Nach einer weiteren Fastenzeit und einer weiteren Reise nach Spokane sagte der Herr dann zu Tim und Tom, ihre Aufgabe in seinem Plan, den Heilungsstrom in dieser Stadt erneut freizusetzen, sei nun beendet. Während Timothy mir von diesen ganzen Begebenheiten berichtete, hatte ich das Gefühl, ich hätte versehentlich in die Fassung für eine Glühbirne gelangt. Gott war dabei, etwas Großes zu tun!

An jenem Samstagabend, als wir gerade den Tag hinter uns hatten, an dem wir gemeinsam mit anderen die Brunnen der Heilung wieder ausgegraben hatten, rief mich Tim zu Hause an. „Was hast du getan?", fragte er mich. Ich dachte, er meine unseren Gebetstag, und fing an, ihm davon zu erzählen. „Nein, nein! Ich möchte wissen, was du getan hast, nachdem ich dir von Medical Lake erzählt habe?"

Er hatte recht, ich hatte etwas getan. Sobald ich Zeit gefunden hatte, war ich zum See hinausgefahren. Ich musste einfach hinfahren. Ich hatte es nicht länger ausgehalten, nicht hinzufahren, um mir dieses Geheimnis anzusehen. Und ich hatte etwas vom Wasser des Sees mit nach Hause genommen.

„Das war es, was ich hören wollte", meinte er dann. „Der Heilige Geist hat ja durch die Prophetie von Bob Jones gesagt, dass die Heilungssalbung außerhalb der Stadt beginnen werde, um von dort aus um die ganze Welt zu gehen. Du musstest hingehen, dieses Wasser holen und es in die Stadt bringen, damit die Heilungssalbung beginnen kann. Und nachdem du so gut angefangen hast, bin ich auch davon überzeugt, dass sich diese Heilungssalbung letzten Endes um die ganze Welt ausbreiten wird."

In unseren Heilungsräumen haben wir in einem Gefäß ständig Wasser aus dem Medical Lake vorrätig. Wir nennen es inzwischen „Feuerwasser", weil die Menschen jedes Mal, wenn wir sie damit berühren, sagen, es fühle sich heiß an. Rein vom Natürlichen her betrachtet, ist es nicht heiß, dafür ist es ganz offensichtlich im geistlichen Sinne heiß. Diejenigen, die in die Heilungsräume kommen, salben wir alle mit Öl, wie die Bibel es lehrt, aber wenn wir Konferenzen abhalten, dann verwenden wir das Wasser aus dem Medical Lake.

Nur drei Tage, nachdem der Herr Tim und Tom erklärt hatte, ihre Aufgabe, den Weg vorzubereiten, sei nun beendet, drückte ihnen jemand unsere Broschüre darüber in die Hand, wie wir die Brunnen der Heilung wieder ausgraben wollten. Sie hatten, wie einige andere, starken Samen des Glaubens in diese Stadt gesät, und wir glaubten, dass daraus eine mächtige Ernte entstehen würde.

12 Die Brunnen wieder ausgraben

Nachdem wir die Broschüre zusammengestellt hatten, verschickten wir sie an alle unsere Kontakte in der Gegend. Wir luden alle Interessierten zu einem Tag der Fürbitte ein, an dem wir die Brunnen der Heilung wieder ausgraben wollten. Das war alles, was wir im Moment tun konnten. Wir mussten Gott vertrauen, dass er den Rest tun würde.

Mit denen, die kommen würden, hatten wir vor, uns an verschiedenen Orten im Gebet zu vereinen: am Grab von John G. Lake, an seinem ehemaligen Wohnhaus, an dem Gebäude, in dem sich seine Gemeinde kurz vor seinem Tod getroffen hatte, und im Rookery-Gebäude, wo sich die Heilungsräume befunden hatten. Gemeinsam wollten wir allen Zweifel und Unglauben hinauswerfen, die den ursprünglichen Brunnen verstopft hatten, und wir wollten Gott glauben, dass er seine Macht in gleicher Weise offenbaren würde, wie er es vor achtzig Jahren getan hatte. Wir wussten, dass er sich in der Zwischenzeit nicht verändert hatte, und wir waren gewiss, dass er uns erneut dabei helfen würde, den Kranken in dieser Gegend Heilung zu bringen.

Wir glaubten, dass die Prophetie von Bob Jones wirklich von Gott war. Gott hatte ja auch zu mir und Michelle sowie zu Tim und Tom gesprochen. Gott war mit Spokane noch nicht fertig. Die Heilungssalbung, die er dort zu Beginn des letzten Jahrhunderts ausgegossen hatte, würde zurückkehren, und der Herr würde an diesem Ort wieder verherrlicht werden. Einigen fiel es schwer, dieser Prophetie gleich Glauben zu schenken, aber für uns war klar, dass Gott durch viele verschiedene Menschen gewirkt hatte, um sie zu erfüllen.

Als wir einmal darüber nachdachten, ergab sich das folgende Bild: Die Prophetie war im Januar 1996 gegeben worden, im gleichen Monat, in dem Bill Johnson in die Bethel-Gemeinde in Redding gekommen war, um dort die Erweckung auszulösen, die unser eigenes Leben so drastisch beeinflusst hatte. Gleichzeitig hatte Gott Tim und Tom darauf vorbereitet, ihre Aufgabe zur Vorbereitung der Atmosphäre über der Stadt wahrzunehmen, damit die Brunnen der Heilung wiederhergestellt werden konnten. Es war erstaunlich, dass Gott schon Jahre im Voraus damit begonnen hatte, alle Details zu arrangieren, damit dieser Tag ein Erfolg werden konnte!

Jetzt war also der entscheidende Zeitpunkt gekommen. Ich wusste, dass der Schlüssel für jeden künftigen Erfolg des Heilungsdienstes, den Gott für diese Stadt vorgesehen hatte, in der Fürbitte lag, und wir standen kurz davor, dies im größeren Rahmen zu tun.

Der Gebetstag begann sehr gut. Über einhundert Gebetskämpfer hatten sich auf unsere Einladung hin eingefunden. Sie waren nicht nur aus Spokane, sondern auch aus anderen Gebieten Washingtons sowie aus Oregon, Idaho, Montana, ja, sogar aus Utah gekommen. Wir besuchten dann miteinander die Grabstätte von John G. Lake, sein ehemaliges Wohnhaus und das alte Versammlungsgebäude. Der Abschluss des Tages fand im Rookery-Gebäude statt.

Ich hatte bereits mit den Besitzern des Gebäudes darüber gesprochen, ob wir dort eventuell Räume anmieten könnten; wir waren aber noch zu keinem endgültigen Ergebnis gekommen, und es fehlten auch noch die nötigen Finanzen. Sie waren so freundlich gewesen, mir die Schlüssel zu überlassen, damit wir ein paar dieser Räume für den Gebetstag nutzen konnten. Mir war daran gelegen, dass alle in den Räumen Platz finden würden, und das gelang auch – zumindest einigermaßen. Wir nahmen uns bei den Händen, um eine Menschenkette zu bilden, die sich durch vier Räume, auf den Korridor und wieder zurück wand. Später ging ich dann diese Kette entlang und salbte jeden einzelnen mit Wasser aus dem Medical Lake. Viele von ihnen fielen im Geist.

Drei dieser Räume hatten einen bräunlichen Fußboden, nur der letzte Raum am Ende des Gangs hatte einen silberfarbenen Teppich. Als ich zu diesem Raum kam, den wir später den „Silbernen Raum" nannten, sah ich, dass dort bereits alle auf dem Boden lagen; daher salbte ich sie dort, wo sie gerade lagen.

Zwei Tage später erhielt ich den Brief einer Frau, die an diesem Tag dabei gewesen war. „Ich möchte dir erzählen, was passiert ist", begann der Brief. „Ich war die erste, die in den Raum mit dem silberfarbenen Boden kam. Als ich den Raum betrat, konnte ich mich einfach nicht mehr auf den Beinen halten und fiel zu Boden. Dann fielen auch alle, die nach mir kamen, hin – einfach, weil die Salbung so stark war."

„Irgendwann kam eine junge Frau durch die Tür. Ich konnte die Krankheit in ihrem Körper förmlich sehen. Ich befahl der Krankheit, zu verschwinden, und erklärte der Frau, sie sei im

Namen Jesu geheilt. Sie fiel weinend zu Boden und war vollständig befreit."

Ich musste lange über diesen Brief nachdenken, und ich hatte ihn auch noch in der Tasche, als wir einige Tage später damit begannen, verschiedene Dinge in das Gebäude einzuräumen. Michelle und ich hatten wieder einen Flohmarkt in unserem Hof veranstaltet. Wir wollten alles verkaufen, was wir nicht unbedingt brauchten, um damit die erste Miete zu bezahlen. Zu den Dingen, die wir an diesem Tag verkauften, gehörte meine komplette Sportausrüstung. Da ich in absehbarer Zeit für den Herrn sehr viel zu tun haben würde, würde ich sie ohnehin weder benötigen noch Zeit dafür haben.

Nachdem ich einige Kartons abgestellt hatte, die ich hineingetragen hatte, dachte ich: „Ich muss doch auch mal in diesen Silbernen Raum gehen, um herauszufinden, über was diese Frau gesprochen hat." Ich ging den Gang entlang, bis ich zu dem Raum mit dem silberfarbenen Teppichboden kam. Als ich durch die Tür ging, war es, als würde ich durch einen „Salbungs-Vorhang" treten. Ich konnte die Gegenwart Gottes in einem Maße spüren, wie nie zuvor. Bildete ich mir das alles nur ein? Das konnte ich mir nicht vorstellen.

Ich ging zurück zum Eingangsbereich, dann wandte ich mich um und kehrte zu dem Raum zurück. Das tat ich mehrere Male, und jedes Mal, wenn ich durch die Tür ging, hatte ich das Gefühl, durch einen Vorhang zu treten. Fünfzehn bis zwanzig Minuten lang wiederholte ich das immer wieder.

Am darauf folgenden Tag, als ich wieder ein paar Kisten in den Raum trug, fragte ich den Herrn: „Weshalb ist die Salbung in diesem Raum so stark?"

Der Herr antwortete mir: „Ich habe einen Engel in diesem Raum postiert, der jetzt seit achtzig Jahren darauf wartet, dass dieser Raum wieder für Gebet geöffnet wird. Solange sich mein Engel in diesem Raum aufhält, wird die Heilungssalbung von diesem Ort ausgehen und um die ganze Welt gehen."

Seit der Wiedereröffnung der Heilungsräume kamen über sechshundert Pastoren in diesen Raum. Wir fragten jeden einzelnen von ihnen, was sie dabei gespürt hatten. Ohne Ausnahme antworteten sie: „Die Gegenwart von Engeln."

Ich erzählte diese Geschichte einige Zeit später auf einer Konferenz, die ich in der Nähe von Seattle durchführte, als eine Frau aufstand und rief: „Diese ‚junge Frau', von der soeben die Rede war, war meine Tochter Heather. Sie war damals erst neun. Gott hat sie an diesem Tag von einer Bronchialerkrankung geheilt, und seit dieser Zeit geht es ihr gut."

Genau wie er verheißen hatte, half Gott uns dabei, die Brunnen der Heilung in Spokane wiederherzustellen. An jenem Abend kehrten wir voller Freude nach Hause zurück. Die Brunnen waren wieder geöffnet worden, und jetzt war es an der Zeit, ihr Wasser von Neuem auszugießen.

13 Die Wiedereröffnung der Räume

Nach diesem besonderen Gebetstag hatten wir den Eindruck, der Weg sei nun frei, um in Aktion zu treten und die Wiedereröffnung der Heilungsräume anzupacken. Wir hatten den Mietvertrag für die ersten drei Räume in der dritten Etage des Rookery-Gebäudes unterzeichnet und fingen an, sie einzurichten. Auch verbrachten wir jetzt in diesen Räumen mehr Zeit im Gebet.

Gleichzeitig begann ich, ein Team von Männern und Frauen zusammenzustellen und dafür auszubilden, den täglichen Dienst in den Heilungsräumen zu tun. Wir waren uns dessen bewusst, dass dieser Schritt sehr wichtig war.

Um in diesem Dienst mitarbeiten zu können, mussten die Betreffenden mehrere Voraussetzungen erfüllen. Die wichtigste war, dass sie eine Last für Heilung hatten. Wir suchten Männer und Frauen, die bereit waren, jeden Preis zu zahlen, damit Kranke geheilt würden, ja, die sogar bereit waren, nötigenfalls ihr eigenes Leben für andere niederzulegen.

In mancherlei Hinsicht waren die Menschen, die wir auswählten, ganz normale Leute – Hausfrauen, Klempner, Mechaniker, Sekretärinnen und Geschäftsleute –, andererseits waren sie aber absolut außergewöhnlich. Sie waren alle hungrig nach mehr von Gott, und sie sehnten sich nach einer Offenbarung seiner Macht.

Ich führte fünf Vorbereitungskurse für den Dienst in den Heilungsräumen durch. Wir beschäftigten uns dabei mit folgenden Themen: Gottes Plan, uns Heilung als Teil unserer Rettung zu gewähren; die vielen Verheißungen Gottes, dass er sein Volk heilen will; die besondere Salbung, die uns befähigt, anderen Heilung weiterzugeben; die verschiedenen Dinge, die unsere Heilung blockieren können bzw. verhindern, dass jemand Gottes Verheißungen empfangen kann.

Wir befassten uns ebenso mit der geistlichen Autorität, die wir als geisterfüllte Gläubige haben, und mit der Taufe im Heiligen Geist, die uns versiegelt und die uns ermöglich, in der Kraft Gottes zu wirken. Da wir es auch mit Menschen zu tun haben würden, die von dämonischen Mächten gequält werden, benötigten wir die entsprechende Autorität, um diese Dämonen in ihre Schranken zu verweisen.

Schließlich beschäftigten wir uns noch damit, wie die Heilungsräume in der Praxis ablaufen sollten. Die Kurse waren gut besucht, und einige dieser hungrigen Menschen wurden dann Teil eines kleines Teams gesalbter Gebetskämpfer. Am 22. Juli 1999, keine sechzig Tage, nachdem wir zusammengekommen waren, um die Brunnen der Heilung wieder auszugraben, weihten wir die Heilungsräume offiziell ein und begannen ab dann, für die Kranken zu beten, die kamen.

Die drei Räume, in denen wir begannen, boten uns nur knapp 90 Quadratmeter Platz, aber wir hatten auch nur acht bis zehn treue Fürbitter, die täglich dort erschienen, um zu dienen. Diese wenigen Getreuen kamen aus den verschiedensten Denominationen, und es war eine Freude zu sehen, wie sie alle in Demut zusammenkamen und in Einheit für ein gemeinsames Ziel zusammenarbeiteten.

Weil wir alle nur einfache Männer und Frauen waren, mussten wir uns darüber im Klaren sein, dass allein die Gegenwart Jesu die Heilungen vollbringen konnte, und dass wir nur dann in der Lage sein würden, die außergewöhnlichen Dinge zu tun, zu denen er uns berufen hatte, wenn er unter uns sein würde. Daher machten wir es uns zur Gewohnheit, jeden Morgen zusammen zu beten, ehe wir die Heilungsräume öffneten. Wir trafen uns für diese gemeinsamen Gebetszeiten im Silbernen Raum. Nach dem Gebet waren wir dann bereit, die Kranken zu empfangen und für sie um Heilung zu bitten.

Eine der ersten, für die wir beteten, war die zwanzigjährige Korey Mosher. Koreys Mutter hatte mir eine E-Mail geschickt, in der sie mir ihren Zustand beschrieb. Korey litt an einem Osteosarkom, also an Knochenkrebs. Man hatte 20 Zentimeter ihres Oberschenkelknochens entfernt und durch den Knochen einer Toten ersetzt. Dieser Knochen war gebrochen, so dass nochmals ein Knochenstück eingesetzt werden musste. Auch dieses war schon wieder am Verfallen, und die Ärzte hatten vor, Koreys Bein zu amputieren. Ihr Vater, ein Pastor, wollte sie am Donnerstagmorgen bei uns vorbeibringen. Das Team bereitete sich im Gebet darauf vor.

Wir lernten Korey als reizendes junges Mädchen kennen, und unser Team betete am Donnerstagmorgen, am Donnerstagnachmittag, am Freitagmorgen und am Freitagnachmittag für sie. Es war allerdings nicht ein einziges, ununterbrochenes Gebet, sondern es wurde in verschiedenen Zimmern und von unterschiedlichen Teammitgliedern für sie gebetet. Am Samstagmorgen und am Samstagnachmittag beteten wir erneut für sie und legten ihr noch einmal die Hände auf. Dann umarmten wir sie alle und schickten sie nach Hause.

Als Korey ging, konnten wir noch keine Veränderung ihres Zustandes feststellen, aber eine Woche später erhielt ich einen Telefonanruf, der mich davon in Kenntnis setzte, dass tatsächlich etwas geschehen war. Korey berichtete mir: „Nachdem wir wieder ein paar Tage zu Hause waren, ging ich noch einmal zu meinem Arzt, um ihn um die Erlaubnis zu bitten, einen neuerlichen Knochentest durchzuführen. Er willigte ein. Als er die Testergebnisse überprüft hatte, rief er mich in sein Büro und ließ mich Platz nehmen. Er sagte: ‚Korey, Sie werden aus mir noch einen Gläubigen machen. Dieser tote Knochen ist irgendwie zum Leben erwacht.'"

Wir waren alle überglücklich über diese gute Nachricht! Schon allein für dieses Wunder hatte sich alles gelohnt. Dass Korey ihr Leben zurückerhalten hatte, war jeden Einsatz wert, den wir bringen konnten. Genau dafür wollten wir ja unser Leben hingeben.

In den ersten Wochen nach der Eröffnung der Heilungsräume, als bekannt wurde, was Gott dort in der Innenstadt von Spokane tat, waren wir nur an zwei Tagen in der Woche dort, um zu beten – donnerstags und freitags. Am Anfang waren wir nicht übermäßig beschäftigt, aber es dauerte nicht lange, bis Leute völlig unangemeldet aus der ganzen Stadt und unserem Bundesstaat kamen. Dann kamen plötzlich Leute zur Tür herein, die angaben, sie kämen aus Virginia, Texas, Colorado oder einem anderen Teil des Landes. Wir fragten sie dann immer, ob sie noch aus einem anderen Grund in Spokane seien, was sie stets mit Nein beantworteten. Jemand hatte ihnen von unserem Dienst erzählt, oder sie hatten uns im Internet gefunden, und sie fühlten sich von Gott geführt, herzukommen und für sich beten zu lassen.

Viele von denen, die kamen, um für sich beten zu lassen, waren in einem schlimmen körperlichen Zustand. Es kamen sogar so schnell so viele verzweifelte Menschen, dass es uns sehr bald im Gebet auf die Knie trieb. Diese Menschen lagen im Sterben, und unser Gebet war ihre letzte Hoffnung. Unsere morgendlichen Gebetszeiten verwandelten sich zu Zeiten der schieren Verzweiflung und dem tiefen Schrei nach Gott. Ohne ihn konnten wir nichts tun.

Den Anblick, der sich mir eines Morgens im Silbernen Raum bot, werde ich nie vergessen. Da lagen Männer und Frauen weinend auf ihrem Angesicht und schreien zu Gott: „O Gott, du musst kommen. Du musst das Werk tun." Uns blieb gar keine andere Wahl, als zu ihm zu schreien. Wir brauchten Wunder, die direkt aus dem Himmel kamen. Männer und Frauen kamen zu uns, weil wir sie eingeladen und ihnen gesagt hatten, Gott sei immer noch Gott und habe sich nicht verändert. Dadurch fühlten wir uns in gewisser Weise auch für die Heilung dieser todkranken Menschen verantwortlich.

Unser Schreien zu Gott nahm noch mehr zu, als auch Menschen in anderen Ländern von den Heilungsräumen hörten und mit dem Flugzeug kamen, um für sich beten zu lassen. Wir hatten Gäste aus Singapur, England, Australien und Südafrika, aus vielen Teilen Kanadas und aus den ganzen USA.

Wir waren einfach überwältigt von dem, was Gott tat. Dass er seinen Heiligen Geist in solcher Kraft durch ganz gewöhnliche Leute wie uns ausgoss, offenbarte seine Größe um so mehr.

Der Ablauf, den wir uns für die Heilungsräume überlegt hatten, funktionierte ausgezeichnet. In jedem der drei Räume gab es ein kleines Team, das normalerweise aus drei Leuten bestand. Einer von ihnen hatte die Leitung, und die anderen ordneten sich ihm unter. Sie machten sich eins im Gebet und dienten den Kranken auf die Weise, die der Heilige Geist gerade vorgab.

Wenn die Kranken ankamen, wurden sie am Empfang begrüßt. Dort füllten sie ein Formular aus, ähnlich einem Fragebogen in einer Arztpraxis. Jeder Kranke gab Name, Adresse, Telefonnummer und Gemeindezugehörigkeit an. Man konnte ankreuzen, ob man wiedergeboren und ob man mit dem Heiligen Geist erfüllt war. Dann sollten sie noch ihre körperlichen Probleme beschreiben.

Dieser Informationsbogen wurde dann einem der freien Gebetsteams ausgehändigt. Die Mitglieder des Teams nahmen den Bogen mit in den Raum, der ihnen zum Gebet zugeteilt worden war. Dort legten sie ihre Hände auf das Blatt und machten sich eins, damit dieses Werk getan werden konnte.

Wir hielten schon immer sehr stark an der biblischen Verheißung fest:

> *Wenn zwei unter euch eins werden auf Erden, worum sie bitten wollen, so soll es ihnen widerfahren von meinem Vater im Himmel* (Matthäus 18,19).

In der Einheit liegt eine große Kraft. Die Bibel spricht davon, dass einer *„tausend"* in die Flucht schlägt, und zwei *„zehntausend"* (5. Mose 32,30). Das ist auch der Grund, weshalb bei uns jeweils drei Leute zusammen beten. Wir bemerkten jedes Mal den Unterschied, wenn es nur zwei waren.

Wenn die Mitglieder eines Gebetsteams auf diese Weise über dem Informationsblatt eines neuen Besuchers beteten, baten sie Gott gleichzeitig um eine spezifische Heilungsstrategie für diese Person. Sie empfingen den wartenden Patienten erst, wenn sie durch ihr gemeinsames Gebet die nötige Salbung verspürten und wenn sie sich sicher waren, auf welche Weise sie der betreffenden Person dienen sollten. Wir wollten damit verhindern, dass der Dienst zur Routine wurde. Jeder Kranke war eine neue Herausforderung, und wir waren fest entschlossen, für jeden einzelnen von ihnen Gottes spezifische Antwort zu finden.

Die Gebetsteams entwickelten sehr schnell eine besondere Begabung in dieser Hinsicht. Da wir alle sechs bis acht Stunden pro Tag in den Heilungsräumen beteten und dem Heiligen Geist gehorsam waren, erlebten wir das Wirken aller neun Gaben des Heiligen Geistes in unserer Mitte. Obwohl unsere spezielle Berufung im Bereich der Heilungsgaben lag, waren alle Gaben vorhanden, um den Kranken zu dienen. Viele Teammitglieder fingen an, Worte der Erkenntnis auszusprechen, wenn der Heilige Geist ihnen etwas über den Kranken oder die Krankheit offenbarte, oder wenn er einen Hinweis gab, wie die Krankheit überwunden werden konnte. Das erwies sich mit der Zeit als wichtiges Werkzeug für den Dienst.

Wir hatten von Anfang an kein großes Interesse daran, den Leuten, die zum Gebet kamen, seelsorgerlich zu helfen. Stattdessen lag uns daran, dass Gott sie befreite und wiederherstellte. Wir nahmen uns auch nicht viel Zeit für „Befreiung“ (wie wir sie in der Vergangenheit gekannt hatten). Unser Schwerpunkt lag nicht bei den Dämonen, sondern auf der Gegenwart des Heiligen Geistes. Ohne seine Gegenwart, die die Joche der Krankheit und Bedrückung zerbricht und Menschen freisetzt, hätten wir den ganzen Tag beten können, und es wäre nichts passiert. Wenn dagegen seine Gegenwart die Heilungsräume erfüllte, dann mussten alle Krankheiten weichen. Das war das große Geheimnis unseres Erfolges.

Viel zu oft haben Menschen Heilung gesucht, ohne dabei Gott zu suchen. Wir suchten seine Hand, und nicht sein Angesicht. Wenn wir uns nach dem Heiler (Gott) ausstrecken, und nicht nach der Heilung, dann wird er immer mit uns sein. So, wie alle, die ihrem Retter von Angesicht zu Angesicht begegnen, gerettet werden, werden auch alle, die ihrem Heiler von Angesicht zu Angesicht begegnen, geheilt.

Wir haben auch Manifestationen von dämonischen Geistern gesehen. So hatte ich zum Beispiel an einem Samstagmorgen in unserer gemeinsamen Gebetszeit den Eindruck, ich solle dem Team mitteilen, sie sollten darauf gefasst sein, dass an diesem Tag jemand von bösen Geistern tatsächlich vom Boden hochgehoben werden würde. Später an diesem Tag betete ein Team mit einem Mann, der zu uns gekommen war. Sie hatten ihn in der Mitte des Zimmers auf einen Stuhl gesetzt, als sich plötzlich ein dämonischer Geist manifestierte.

Eine Frau aus dem Team zeigte auf den Kranken und sagte: „Du Geist der Täuschung, fahre aus im Namen Jesu!“ Als sie das gesagt hatte, drohte sie ihm mit dem Finger. Mit einer drehenden Bewegung ihres Armes und des Fingers warf sie den Dämon aus dem Mann hinaus in Richtung der Wand.

Der Dämon war nicht gerade erfreut, sein „Haus“ verlassen zu müssen und zerrte den Mann von seinem Stuhl hoch, schleuderte ihn quer durch den Raum, so dass er mit ausgebreiteten Armen an der Wand landete. Während dieses gesamten Vorgangs berührte der Mann kein einziges Mal den Fußboden. Als er schließlich zu Boden fiel, war er vollständig befreit. Wir waren auch Zeuge vieler anderer, ungewöhnlicher dämonischer Manifestationen. Die Feinde Jesu können sehr verzweifelt werden, wenn sie wissen, dass sie verschwinden müssen.

Die Wunder, die sich nach und nach täglich in den Heilungsräumen ereigneten, lassen sich vielleicht am besten nachvollziehen, wenn ich die Personen, über deren faszinierende Erlebnisse ich erzähle, beim Namen nenne. Diese Wunder geschehen ja einzig und allein deshalb, weil Gott Menschen liebt, und weil er ihnen um ihretwillen seine Macht erweisen will.

So werde ich zum Beispiel nicht vergessen, wie Brian Wilkes kam, um für sich beten zu lassen. Er war erst Mitte dreißig und hatte bereits zwei Gehirnoperationen zur Entfernung bösartiger Tumore sowie die anschließend notwendige Chemotherapie hinter sich. Der Krebs war aber zurückgekehrt, und die Ärzte hatten ihn aufgegeben. Sie gaben ihm nur noch eine Lebenserwartung von etwa sechs Monaten. An dem Tag, als Brian kam, um zum ersten Mal für sich beten zu lassen, wurde er von Gott angerührt. Er kam dann öfter wieder für weiteres Gebet. Innerhalb weniger Wochen zeigte eine Gehirnuntersuchung, dass der Tumor in Brians Gehirn auf Erbsengröße zusammengeschrumpft und auch nicht mehr bösartig war.

Ein weiteres wunderbares Zeugnis, das ziemlich bekannt wurde, schickte Kim Elridge aus West Chester in Ohio:

„Als ich am 16. Mai 1998 morgens aufwachte, war ich nicht mehr in der Lage, meine rechte Körperhälfte zu bewegen. Da ich mich mit meinen vierundzwanzig Jahren einer ausgezeichneten Gesundheit erfreute, hatte ich keine Ahnung, was los war. Nach drei Tagen intensiver Untersuchungen erklärten mir die Ärzte, ich hätte einen Schlaganfall erlitten, der durch ein Blutgerinnsel in meinem Herzen ausgelöst worden sei. Die folgenden sechs Monate arbeitete ich hart daran, die Kontrolle über meinen rechten Arm und mein rechtes Bein zurückzugewinnen. Ich musste alles neu lernen – gehen, essen, schreiben, Auto fahren."

„Genau sechs Monate nach meinem Schlaganfall wurde ich erneut ins Krankenhaus eingeliefert. Der erste Befund lautete auf Pericarditis, Herzbeutelentzündung. Nach verschiedenen Tests, noch mehr Spezialisten und weiteren zwei Monaten lautete die Diagnose nun „Systemischer Lupus". Das ist eine Erkrankung des Immunsystems, die in allen Körperteilen gesunde Zellen angreift, selbst in den lebenswichtigen Organen. Zu den weiteren Symptomen gehörten Erschöpfungszustände, Sonnenempfindlichkeit und Lupus-Arthritis in allen Gelenken meines Körpers."

„In den folgenden beiden Jahre stellte mich meine Gesundheit vor ungeahnte Herausforderungen. Mehr als alles andere griff der Lupus meine Magenschleimhaut an. Essen und Trinken waren nur unter extremen Schmerzen möglich. Die Ärzte verschrieben mir viermal täglich ein morphiumhaltiges Schmerzmittel, damit ich einigermaßen normal essen und leben konnte."

„Im Juni 2000 wollten mich meine Eltern in die Heilungsräume in Spokane/Washington bringen. Sie waren davon überzeugt, dass ich irgendwie geheilt werden würde. Ich war nur bereit mitzukommen, weil es mich nichts kostete und weil ich noch nie im Nordwesten nahe des Pazifik gewesen war. Ich war zwar selbst schon Zeuge von Heilungen gewesen und auch mein Vater war schon geheilt worden, hatte aber keinen Glauben, dass ich noch geheilt werden könnte."

„Wir kamen an einem Dienstag frühmorgens in den Heilungsräumen an. Schon als ich den Wartebereich betrat, konnte ich die Gegenwart des Heiligen Geistes spüren, und in mir keimte neue Hoffnung auf, dass vielleicht doch noch etwas Gutes auf mich wartete."

„Bereits bei unserer Anreise hatten wir erhebliche Schwierigkeiten: Zwei unserer Flüge hatten Verspätung, die Reise dauerte drei mal so lange wie geplant, und mein Gepäck, das meine zwölf Medikamente enthielt, kam erst 36 Stunden später an. Der Gipfel des Ganzen war, dass in dem ersten Hotel, das wir gebucht hatten, die Klimaanlage defekt war, so dass wir auch noch umziehen mussten."

„Am ersten Tag wurde für mich im Silbernen Raum gebetet, einem kleinen Zimmer mit silberfarbenem Teppich. Dort hatte seit dem Zeitpunkt, als John G. Lake und seine Heilungsteams diese Räume benutzt hatten, ein Engel darauf gewartet, dass die Räume von Neuem geöffnet würden. Die Gegenwart des Heiligen Geistes war ehrfurchtgebietend. Ich konnte nur noch auf dem Boden liegen. Aber ich hatte immer noch nicht das Gefühl, geheilt worden zu sein."

„Am zweiten Tag erlebte ich eher weniger. Am dritten Tag fragte der Leiter des Gebetsteams meine Eltern und mich, was wir genau wollten. Ich sagte, ich wolle zweierlei – keine Magenschmerzen mehr und die Fähigkeit, vom Herrn so zu hören, wie ich es früher erlebt hatte. Er erwiderte, diese geistliche Hörfähigkeit sei eine leichte Sache, er werde gegen Verwirrung beten."

„Er legte seine Hände auf meine Ohren, und ich spürte eine große Kraft in meinem Kopf. Dann hörte ich einen Knall. Als er seine Hände wegnahm, hatte ich das Gefühl, meine Ohren seien geöffnet worden. Ich konnte plötzlich Geräusche durch das geöffnete Fenster hören, die ich vorher nicht gehört hatte. Das fand ich seltsam, da ich vorher kein Problem mit meinem Gehör gehabt hatte. Ich glaube, dass mein Sinn und mein Geist geöffnet wurden, und dass sich das in einem geschärften Gehörsinn offenbarte."

„Meine zweite Bitte kam als Nächstes an die Reihe. Ich hatte immer noch schreckliche Schmerzen. Die Schmerzen waren sogar schlimmer geworden, seit ich in Spokane war. Der Leiter des Gebetsteams befahl dem Schmerz, im Namen Jesu zu verschwinden. Und er verschwand! Ich war derart verblüfft, dass es mir vollkommen die Sprache verschlug."

„Wir beendeten das Gebet, und ich sagte meinen Eltern, ich wolle auf die Straße hinunter gehen, um mir etwas zu Essen zu holen. Sobald ich aß, kehrten die Schmerzen zurück. Ich machte mich auf die Suche nach dem Mann, der für mich gebetet hatte, und erzählte ihm, dass die Schmerzen zurückgekehrt seien. Er betete erneut, und die Schmerzen gingen wieder weg! Daraufhin erklärte er mir, ich müsse die Autorität ergreifen, die Gott mir gegeben habe, und müsse dem Schmerz befehlen, zu verschwinden. An diesem Abend setzte ich die Schmerzmittel ab, die mir verschrieben worden waren, und ich betete um die Kraft, meine Krankheit zu bekämpfen."

„Im Verlauf der folgenden Woche wiederholte sich ein gewisser Ablauf. Die Schmerzen kehrten zurück, und ich betete sie wieder weg. Sie kehrten wieder zurück, und ich betete sie wieder weg. Meine Familie schloss sich mir im Gebet an."

„Schließlich wurde ich wütend auf die Schmerzen. Wie konnten sie es wagen, mich weiterhin anzugreifen, mich, ein Kind des Königs der Könige und des Herrn der Herren! Ich rief: ‚Jetzt reicht's! Das ist endgültig das letzte Mal, dass ihr mich angreift! Verschwindet im Namen Jesu und kommt niemals wieder!'"

„Der Schmerz kehrte noch einmal zurück, als ob er mir sagen wollte: ‚Na, willst du mich etwa herausfordern?' Aber der Herr hatte das letzte Wort. Ich betete noch einmal, und der Schmerz verließ mich endgültig. Ich war geheilt! Meine Heilung war am 30. Juni 2000 in Spokane zum ersten Mal sichtbar geworden, und innerhalb von zwei Wochen war auch der Kampf mit den ständig zurückkehrenden Schmerzen vorbei. Es wäre leicht gewesen, beim ersten Anzeichen der zurückkehrenden Schmerzen aufzugeben. Ich habe inzwischen gelernt, dass wir manchmal den Kampf im Herrn ausfechten müssen, um unsere Heilung zu behalten."

„Noch wichtiger als die körperliche Heilung war aber die Heilung meiner Emotionen. Ich kehrte zu meiner ersten Liebe zu Gott zurück. Vor meiner Reise nach Spokane hatten mein Zorn und die Bedrücktheit über meinen Zustand jegliche Nähe zum Herrn abgetötet, die ich jemals erlebt hatte. Ich war so einsam und verzweifelt, dass ich schon gar nicht mehr wusste, wie ich mich zu ihm ausstrecken konnte. Ich floh vor allen, die mich liebten."

„Jetzt weiß ich, dass wir vor unserem Herrn nicht davonlaufen können. Er behält uns stets im Blick, gleichgültig, wo wir uns zu verstecken versuchen. Ich danke ihm jeden Tag für meine Heilung. Aber mehr als alles andere danke ich ihm, dass er mich wieder in seine Gegenwart gezogen hat. Er hat mir die Gewissheit gegeben, dass er immer da war, aber jetzt lebe ich in seiner Gegenwart."

Kim ist die jüngste Tochter von Darrel und Marilyn Elridge, die Pastoren einer Gemeinde in West Chester in Ohio sind. Sie gibt Theaterunterricht an einer Schule in West Chester, einer Vorstadt von Cincinnati, und arbeitet dort auch als Regisseurin. Sie können also sicher sein, dass ihr Zeugnis viele Menschen erreicht und berührt hat.

Auch wenn Heilungswunder wie dieses ein Beweis für die Liebe Gottes zu dem einzelnen Kranken sind, so dienen sie doch noch einem viel größeren Ziel. Die ganze Welt muss die Wunder Gottes sehen. Jeder muss die Chance haben, solche Zeugnisse zu hören. Gott gebraucht häufig Wunder, um die Verlorenen zu sich zu ziehen, und Wunder spielen auch eine große Rolle, Erweckung in das Leben derer zu bringen, die Gott bereits kennen, deren Herzen aber vielleicht kalt geworden sind.

Im Verlauf der ersten einundzwanzig Monate unseres Dienstes konnten wir für mehr als sechstausend Kranke in den Heilungsräumen beten. Nach anderthalb Jahren hatten wir zehn Räume angemietet, und wir hatten ein Team von 75 gesalbten Männern und Frauen, die an vier Tagen in der Woche in diesen gesalbten Räumen dienten.

Woher wussten wir, ob eine Person geheilt werden würde? Nun, wir hätten es nicht herausgefunden, wenn wir ihr nicht die Hände aufgelegt und für ihre Heilung geglaubt hätten. Gott hatte es verheißen, und wir mussten einfach nur das Nötige tun, um es zu beanspruchen.

Erst vor kurzem erhielt ich einen Brief von der Schwester von Korey Mosher. Sie schrieb: „Als unsere Eltern ihren fünfundzwanzigsten Hochzeitstag feierten, stand Korey, zu der die Ärzte gesagt hatten, sie werde nie wieder tanzen können, auf und tanzte für sie.“ Das zu hören, war für uns ein großer Segen!

In den Heilungsräumen haben wir inzwischen eine „Heilungswand“. Sie ist voller Postkarten mit den Zeugnissen derer, die geheilt worden sind. Solche Postkarten erhalten wir jeden Tag. Wann würden wir einhunderttausend ärztlich bestätigte Heilungen sehen, wie es John G. Lake und seinen Mitstreitern vergönnt gewesen war? Wir hatten einen guten Start gehabt, und der Rest lag in den Händen des Herrn.

14 Die Last für die Innenstadt von Spokane

Etwa sechs Monate nach der Eröffnung der Heilungsräume hörte ich von einem Treffen, das jede Woche im obersten Stockwerk des Hotels „Double Tree“ in der Innenstadt von Spokane abgehalten wurde, um für die Stadt zu beten. Der Veranstalter hieß Denny Fitzpatrick, und ich dachte, ich sollte mich mit ihm treffen. Als es dann soweit war, erzählte er mir davon, was Gott durch ihre Gebetstreffen schon bewirkt hatte.

Der Herr hatte ihm aufgetragen, zwölf Geschäftsleute zu suchen, mit denen er in der Innenstadt von Spokane „Gebetsspaziergänge“ durchführen konnte. Er und die anderen, die sich mit ihm trafen, beteten nun dafür, diese zwölf Leute zu finden. Als er die geeigneten Leute schließlich gefunden hatte, legten sie zusammen den Bereich der Innenstadt fest, den Gott ihnen gezeigt hatte. Auf einem Stadtplan markierten sie mit vier Strichen das Gebiet, für das sie beten sollten. Sie beschlossen, an allen vier Ecken dieses Gebiets einen geistlichen Pflock einzuschlagen und es wieder für Gott in Besitz zu nehmen.

Einer der Männer schlug vor, sich von einem städtischen Ingenieur, der ebenfalls Christ war, ausrechnen zu lassen, wo sich der genaue Mittelpunkt des markierten Gebietes befand, um auch dort einen geistlichen Pflock einschlagen zu können. Nachdem der Ingenieur ihren Plan betrachtet hatte, sagte er: „Der genaue Mittelpunkt des Gebiets, das ihr abgesteckt habt, liegt dem Double Tree Hotel genau gegenüber. Er fällt auf das Gelände des Restaurants „The Mustard Seed“ (Senfkorn).“ Das war genau der Ort, an dem Tim und Tom ihr letztes Fasten für die Stadt gebrochen hatten. Sie erhielten vom Besitzer des Mustard Seed sogar die Erlaubnis, ganz offiziell einen Pflock einzuschlagen, um den Mittelpunkt der Innenstadt zu kennzeichnen.

Gott erhört Gebet, und er gießt jetzt seinen Geist überall in Spokane aus. Eine Stadt, von der viele Pastoren gesagt hatten, sie sei zu schwierig, um dort zu evangelisieren, erlebt jetzt ein mächtiges Wirken Gottes.

Noch wurde Spokane nicht offiziell zur gesündesten Stadt dieses Jahrhunderts ausgerufen, aber Gott ist am Werk. Wie auch Tim und Tom schon bemerkt hatten, gibt es heutzutage viele Kliniken und Krankenhäuser in der Stadt. Die Stadt ist eher für ihre medizinischen Zentren bekannt, als für die göttlichen Heilungen, die in ihr geschehen. Das wird sich aber sehr schnell ändern. In einem seiner letzten Rundbriefe listete George Otis Jr. eine ganze Reihe von Städten auf, über die Gott gesagt hat, dass er sie auf mächtige Weise gebrauchen will, und Spokane stand auf dieser Liste ganz oben.

Die Atmosphäre in der Stadt hat sich bereits verändert. Gott hat darüber gesprochen, was er in dieser Stadt noch vorhat. Inzwischen erkennt auch die Gemeinde, dass wir tatsächlich unsere Stadt für Gott einnehmen können. Gott sehnt sich danach, dass alle Städte Amerikas und der Welt durch die Kraft seines Heiligen Geistes von seiner Armee eingenommen werden.

Eine unserer Lokalzeitungen, *The Spokesman's Review*, schickte einen Reporter und einen Fotografen, die drei Wochen lang beobachten sollten, was in den Heilungsräumen geschieht, um dann darüber zu berichten. *The Spokesman's Review* ist die größte Zeitung hier im Binnenland des Nordwestens und erreicht eine halbe Million Leser.

Der erste Artikel über uns erschien gegen Ende November 2000. Er war auf der Titelseite abgedruckt, und auf den folgenden Seiten fanden sich noch einige Fotos. Der Artikel war sehr positiv, und so verbreitet sich die Nachricht immer weiter. Das war für uns ein großer Segen, da John G. Lake gewisse Probleme mit *The Spokesman's Review* gehabt hatte. Gott gab uns Gunst.

Auf Grund des ersten Artikels erhielten wir einen Anruf von der Verwaltung eines Krankenhauses hier in Spokane. Dieses Krankenhaus hat eine Abteilung für „Glaubensheilung". Der Leiter der Verwaltung dieser Abteilung kam zu uns in die Heilungsräume, um uns zu treffen und unsere Vorgehensweise in Augenschein zu nehmen. Später fragte er mich: „Würden Sie gestatten, dass wir Leute hierher schicken, damit Sie für sie beten?" Ich sagte liebend gerne zu, und wir freuten uns, dass wir in der Innenstadt von Spokane etwas bewirkten.

15 Die Vision erweitert sich auf andere Städte und Länder

Als ersichtlich wurde, welchen Erfolg die wieder eröffneten Heilungsräume hatten, erhielt ich immer mehr Einladungen aus dem ganzen Land, auf Heilungskonferenzen zu lehren. Relativ schnell führten wir bereits jeden Monat zwei solcher Konferenzen durch, und ich war bald ein Jahr im Voraus ausgebucht.

Wenn ich auf diese Konferenzen gehe, dann tue ich das im Wissen, dass wir zu Hause über ein wunderbares Team verfügen, das den Dienst in den Heilungsräumen versieht, während Michelle und ich unterwegs sind. Das setzt mich nicht nur frei zu gehen, sondern bestätigt mich darin, dass das System, das wir in Spokane aufgebaut haben, funktioniert. Wenn wir auf diese Konferenzen fahren, begleiten uns normalerweise sechs bis acht Mitglieder unseres Teams in Spokane. Sie helfen uns, den Konferenzteilnehmern zu dienen.

Auf jede dieser Konferenzen nehmen wir etwas Wasser aus dem Medical Lake mit und verwenden es, um dem Leib Christi an jedem Ort die Heilungssalbung weiterzugeben. Der tiefste Wunsch unseres Herzens ist, dass in allen Gemeinden die Heilungskraft Gottes zur „Norm“ wird und nicht länger die Ausnahme bleibt. Wir freuen uns, wenn wir diese Salbung an Leute weitergeben können, die genau so sind wie wir, damit auch sie die außergewöhnlichen Dinge tun können, die der Herr verheißen hat.

Eine zweite Sache ging auch recht schnell vonstatten: Männer und Frauen sahen sich bald herausfordert, Heilungsräume in ihren eigenen Städten zu eröffnen. Zu dem Zeitpunkt, an dem ich diese Zeilen schreibe, gibt es über das ganze Land verteilt etwa fünfzig weitere Heilungsräume, die entweder bereits bestehen oder sich in Vorbereitung befinden. Weitere Heilungsräume werden in Kanada, Australien, Neuseeland, England, Südafrika, Korea und anderen Teilen der Welt eröffnet. Alle diese Heilungsräume werden unabhängig voneinander betrieben. Wir geben den Gläubigen vor Ort die nötigen Werkzeuge an die Hand, und wir helfen ihnen bei der Ausbildung, damit sie die Arbeit fortführen können. Wie hier in Spokane, so ist Gott auch in anderen Städten im ganzen Land und auf der

Welt am Wirken. Wir erhalten Zeugnisse über Heilungswunder aus all diesen Orten.

Auf Grund des großen Interesses haben wir eine Organisation mit dem Namen „The International Association of Healing Rooms“ (Internationale Vereinigung von Heilungsräumen) gegründet. Der Zweck dieser neuen Organisation besteht darin, die Heilungsräume in den verschiedenen Städten miteinander zu vernetzen und ihnen die nötigen Werkzeuge zu geben, um die Leute, die für diese neuen Heilungsräume verantwortlich sind, auszubilden.

Inzwischen haben aber auch viele Gruppen ihr Interesse bekundet, ihr Training direkt in den Heilungsräumen in Spokane zu erhalten, so dass wir alle zwei Monate ein Schulungsprogramm durchführen, um den Teams entgegenzukommen, die von anderen Städten geschickt werden. Ein Bruder kehrte nach einer solchen Trainingseinheit nach Hause zurück und weckte (eine) Tote auf.

Wir bereiteten gerade eine Konferenz in Knoxville/Tennessee vor, um die dortigen Heilungsräume zu eröffnen, als ein Team von acht Männern und Frauen aus Vancouver in British Columbia (Kanada) in Spokane ankam, die sich die Heilungsräume ansehen wollten, um dann den Rest des Trainingsprogramms zu durchlaufen. Wir investierten uns in sie, salbten sie und beteten für sie, selbst die Gabe der Heilung zu empfangen.

Wir reisten dann nach Knoxville, während sie sich noch in Spokane aufhielten. Als wir wieder zurückkehrten, waren sie bereits wieder gegangen, aber einer der Männer hatte noch auf meinen Anrufbeantworter gesprochen. Als dieser Mann nach Hause zurückgekommen war, hatte er nach seiner Frau gerufen, aber keine Antwort erhalten. Schließlich fand er ihren leblosen Körper oben im Schlafzimmer im Bett. Sie war bereits kalt und grau und musste in seiner Abwesenheit gestorben sein.

In diesem Moment kam eine heilige Kühnheit über ihn. Er hatte ja schließlich nicht umsonst die vielen Tage in Spokane in der Gegenwart des Herrn verbracht. Er wollte nicht akzeptieren, dass er weggefahren war, um zu lernen, wie er anderen Heilung bringen konnte, dass aber seine eigene Frau gestorben war, bevor er nach Hause zurückkehren konnte. Er wies den Geist des Todes zurück und rief Leben hervor. Sie schnappte nach Luft, ihr Körper zuckte und ihr Geist kehrte in ihren

Körper zurück. Dann rief er den Notarzt und seine Frau wurde in das nächste Krankenhaus gebracht.

Inzwischen ist seine Frau wieder zu Hause. Sie benötigt keine Medikamente mehr, und es geht ihr hervorragend.

Was den Heilungsdienst in der Endzeit angeht, hatte ich zwei wichtige Visionen, und ich sehe, dass sie sich durch die Ausbreitung des Dienstes der Heilungsräume auf andere Städte erfüllen. Die erste Vision hatte ich, als ich das allererste Mal nach Spokane fuhr. Damals sah ich einen Riesen, der in einem Tal lag. Sein Kopf lag auf Spokane und seine Füße erstreckten sich bis nach Coeur d'Alene in Idaho, das etwa 50 Kilometer entfernt ist. Die Szene erinnerte mich an die bekannte Geschichte von Gulliver.

Ich sah, dass der Riese von etwas wie Spinngewebe – eine Art Fäden – bedeckt war. Diese Fäden waren so um ihn verwoben, dass es aussah, als habe er sich noch nie von der Stelle bewegt, als habe er schon als Baby dagelegen und als sei er in diesem gefesselten Zustand großgeworden.

In Wirklichkeit aber hätten diese Fäden dem Riesen keine Probleme bereiten sollen. Er hätte sich bewegen können, tat es aber nicht, weil er glaubte, er könne sich nicht bewegen. Hätte er gleichzeitig alle Glieder seines Körpers bewegt, dann hätten ihn diese lächerlichen Fäden auf keinen Fall halten können. Das wusste er aber einfach nicht.

Ich hatte den Eindruck, dass der Riese, den ich sah, für die gesamte Gemeinde stand, nicht nur in Spokane, sondern für die Gemeinde im ganzen Land. Wenn wir nur alle Teile dazu bringen könnten, sich zusammen zu bewegen, dann könnte uns nichts mehr aufhalten.

Dann sah ich, wie der Riese anfing, sich zu regen und erst ein Glied und dann ein weiteres bewegte. Die Fäden fielen ganz leicht von ihm ab. Ich sah, dass er sich auch von den restlichen Fäden befreite und aufstand. Es war mir, als habe Gott mit seiner Gemeinde in Amerika etwas Wunderbares vor.

Die zweite Vision hatte ich kurz vor der Eröffnung der Heilungsräume. Auf dem Weg zur Arbeit in Idaho fuhr ich noch vor Tagesanbruch gerade über eine Brücke in der Innenstadt von Spokane. Als ich meinen Blick über die Stadt schweifen ließ, sah ich, dass alles verfinstert war. Gott zeigte mir, das der Feind das Volk Gottes zu lange gefangen gehalten hatte. Weil es seinen Einfluss nicht wahrgenommen hatte, bedeckte Finsternis die Stadt.

Dann sah ich plötzlich Lichtblitze, und ich fragte mich, wo sie wohl herkamen. Im Geist wurde ich plötzlich auf die Höhe der Berge um Spokane herum gehoben, so dass ich in die weite Ferne blicken konnte. Zu meiner Verwunderung sah ich an den Außenbezirken der Stadt überall weiße Pferde, so weit das Auge reichte und in allen Richtungen. Auf jedem dieser Pferde saß ein Krieger Gottes mit einem Schwert in der Hand. Die Blitze gingen von diesen Schwertspitzen aus, beinahe wie Wetterleuchten.

Als ich das Ganze weiter beobachtete, sah ich, wie sich dieses mächtige Heer im Einklang in Bewegung setzte. Ich sah, wie die Pferde die Truppen auf die Hügelkuppen trugen. Von dort kamen sie herab und strömten in die Stadt hinein. Das Donnern ihrer Hufe war so gewaltig, dass der ganze Boden in Spokane bebte. Ich konnte den Feind in der Stadt vor Furcht zittern sehen.

Als das Heer in die Stadt einfiel, sah ich immer noch die Lichtblitze, die von den Schwertern ausgingen, bis der ganze Himmel über der Stadt erleuchtet war. Da geschah etwas anderes, ebenfalls Gewaltiges. Plötzlich öffneten sich die Fenster des Himmels, der natürliche Himmel wurde zurückgerollt, und ich blickte direkt in die (geistlichen) Himmel. Eine Stimme wie von einem brüllenden Löwen donnerte herab: „Lass mein Volk ziehen!“

Diese Vision bestätigte die Prophetie von Bob Jones, dass außerhalb der Stadt Spokane eine Heilungssalbung ihren Anfang nehmen würde, dass sie dann in die Stadt strömen und von dort aus um die ganze Welt gehen würde.

Vor kurzem besuchte uns Bobby Conner in den Heilungsräumen. Er drückte mir ein Buch in die Hand, das von Bob Jones und Keith Davis zusammengestellt worden war. Auf dem Umschlag war ein Bild von Jesus auf einem weißen Pferd. Sein Augen loderten wie Feuer, und er hielt das Schwert des Geistes in der Hand. Er kam als der siegreiche Anführer der Armee, die ich in meiner Vision gesehen hatte.

Nur unweit der Heilungsräume ließen die Besitzer eines Wohnblocks ein Bild auf ihre Gebäudewand malen. Diese Hauswand gilt als der beste Platz für Werbeplakate, da man sie von der Schnellstraße aus sehr gut sehen kann. Das Gemälde ist sechs Meter hoch und gut zehn Meter breit. Es zeigt das gleiche Bild von Jesus, der auf seinem weißen Pferd zurückkehrt. Seine Augen lodern wie Feuer, und er hat das Schwert des Geistes in der Hand. Von dem Schwert gehen Lichtblitze aus. Das Wandgemälde heißt: „König der Herrlichkeit."

Dieses Bild verkündet die Tatsache, dass sich die Armee Gottes wieder erheben und in diese Stadt und in unser Land eindringen wird, um die große Ausgießung des Geistes zu bewirken, die Gott für diese Zeit für unser Land und für diese Welt schon vorherbestimmt hat. Wir stehen vor dem größten Wirken des Heiligen Geistes, das die Welt jemals gesehen hat. Es wird durch die Gemeinde kommen, durch die Armee, die Gott sich zusammenruft und ausbildet.

16 Die Finanzierung der Heilungsräume

Ich muss an dieser Stelle noch ein Wort über die Finanzierung der Heilungsräume verlieren, da dieser Punkt für viele Dienste schon zum Stolperstein geworden ist. Als die Zeit der Wiedereröffnung der Heilungsräume näher kam, wurde dies zu einer echten Last auf meinem Herzen. Ich wollte keine Zeit damit verschwenden, mir Sorgen darüber zu machen, wie wir die nächste Miete bezahlen bzw. das Werk weiterführen konnten. Daher bat ich Gott um ein Wunder.

Was er mir zeigte, war sehr einfach. Ich ging zum Schrank und fand eine kleine Dose für Haferflocken. Es waren noch ein paar Haferflocken darin, die ich in ein anderes Gefäß leerte. Dann beklebte ich diese kleine Dose mit weißen Papier und schrieb SAME FÜR DIE HEILUNGSRÄUME darauf. Als wir die Räume dann eröffneten, stellte ich diese Dose im Empfangsbereich auf.

Wir hatten uns schon sehr früh darauf geeinigt, dass wir von den Menschen, die in die Heilungsräume kamen, um Gebet zu empfangen, kein Geld verlangen wollten. Wir wollten Gott vertrauen, dass er zu den Herzen seiner Leute sprach, und das tat er auch.

Später ergaben sich für die Heilungsräume noch andere Einnahmemöglichkeiten, vor allem durch den Verkauf unserer Kassetten, aber diese kleine Haferflocken-Dose ist immer noch unsere größte Einkommensquelle; der Dienst ist ja seit seinen Anfängen in erheblichem Maße gewachsen und gediehen.

Nach einiger Zeit wurde klar, dass ich meine Arbeit für den Bundesstaat Idaho nicht länger fortsetzen konnte. Es gab zu viele Dinge, die mich in den Heilungsräumen in Anspruch nahmen. Neben den täglichen Gebetszeiten hatten wir zweimal im Monat unsere Schulungen für Leute, die aus anderen Städten und Ländern zu uns kamen, und ebenfalls zweimal im Monat führten wir Konferenzen in anderen Städten durch. Ich musste vollzeitig in den Dienst der Heilungsräume einsteigen.

Ich fragte Gott in dieser Sache um Rat, da Michelle und ich keine finanzielle Last für den Dienst darstellen wollten. Gott zeigte uns, dass er uns durch die Konferenzen, die wir außerhalb durchführten, versorgen wollte, und das haben wir seit diesem Zeitpunkt erlebt.

Mit der Zunahme des Dienstes der Heilungsräume hat auch die Versorgung Gottes für den Dienst zugenommen.

Inzwischen dienen wir nicht mehr allein denen, die zu uns kommen, sondern haben unseren Dienst auch auf die ausgeweitet, die nicht mehr in der Lage sind, zu uns zu kommen. Mehrere Frauen aus unserem Team nehmen sich Zeit dafür, kleine Tücher zuzuschneiden, für die wir beten und die wir salben, und die dann kostenlos in alle Welt verschickt werden. Sie verarbeiten jeden Monat bis zu vier Ballen Stoff zu kleinen Gebetstüchern. Diese Tücher werden jeden Morgen im Gebetsraum aufgestapelt, und unser Gebetsteam betet dann für sie. Danach werden sie gesalbt und auf Anfrage in alle Welt verschickt.

Das Gleiche tun wir mit unserem Salböl. Wir haben unser eigenes, spezielles Öl entwickelt. Dazu verwenden wir Mandelöl (an Stelle des sonst eher üblichen Olivenöls). Mit dem Mandelöl vermischen wir Weihrauch, Myrrhe und Zimt. Unsere Mitarbeiter füllen Tausende kleiner Fläschchen mit diesem Öl, die ebenfalls an alle kostenlos versandt werden, die Kranke salben möchten.

Wir sagen den Leuten sogar, dass sie, wenn sie durch unsere Kassetten gesegnet wurden, diese kostenlos kopieren und weitergeben dürfen.

Auf diese Weise können wir unsere Berufung, die uns der Herr gegeben hat, erfüllen, dass nämlich so viele Menschen wie möglich geheilt werden. Das ehrt unseren Herrn Jesus und offenbart seine Liebe zu uns, und er antwortet darauf, indem er sich um alle unsere Bedürfnisse kümmert, damit wir unseren Dienst tun können.

Nachdem wir angefangen hatten, die Konferenzen durchzuführen, brachte uns die Haferflocken-Dose genug ein, damit wir einen Kleinbus mit 15 Sitzplätzen und einen Anhänger kaufen konnten. Damit können wir unser ganzes Team, die Ausrüstung sowie unsere Kassetten und Bücher transportieren. Der Herr ist einfach großartig!

17 Heilung und die Sühne Jesu

Manche fragen sich vielleicht, wie wir uns so sicher sein können, dass es Gottes Wille ist, uns zu heilen, und woher es kommt, dass wir bei den Menschen, für die wir beten, so beständig positive Ergebnisse sehen. Das liegt einfach daran, dass wir das, was Gott über Heilung sagt, genauso glauben, wie das, was er über Errettung sagt.

Ich habe schon viel darüber nachgedacht, weshalb die Gemeinde im 21. Jahrhundert so weit von der Heilungsbotschaft der Bibel abgewichen ist. Unsere Kirchenbänke sind manchmal voller Leute, die ebenso krank sind, wie die Menschen der Welt. Ich kam zu dem Schluss, dass es daran liegt, dass wir noch nicht verstanden haben, dass Heilung ein Teil der Sühnetat Jesu ist.

Der Prophet Jesaja hat schon gesagt:

> *Fürwahr, er trug unsre Krankheit*
> *und lud auf sich unsre Schmerzen.*
> *Wir aber hielten ihn für den, der geplagt*
> *und von Gott geschlagen und gemartert wäre.*
> *Aber er ist um unsrer Missetat willen verwundet*
> *und um unsrer Sünde willen zerschlagen.*
> *Die Strafe liegt auf ihm, auf dass wir Frieden hätten,*
> *und durch seine Wunden sind wir geheilt*
> (Jesaja 53,4-5).

Jesus trug am Kreuz alle unsere Sünden, Krankheiten und Schmerzen. Jesaja fährt weiter fort:

> *Aber der HERR warf unser aller Sünde auf ihn* (Jesaja 53,6).

Viele von uns haben erkannt, dass unsere Errettung ein Teil der Sühnetat Jesu ist, aber nur wenige scheinen begriffen zu haben, dass das für Heilung genauso gilt. Wenn wir Gott auf der Grundlage der Verheißung aus Jesaja 53,6 für unsere Errettung glauben können, weshalb können wir ihm dann nicht ebenso für unsere Heilung auf Grund der Verheißung aus Jesaja 53,4 glauben?

Viele von uns haben Glauben für Errettung, und wenn wir mit Sündern beten und sie in ein Lebensübergabegebet führen, dann sagen wir zu ihnen: „Du bist gerettet.“ Und wir glauben es.

Aber woher wissen wir denn, dass sie gerettet sind? Was gibt uns diese Gewissheit? Die Antwort ist selbstverständlich, dass uns das Wort Gottes verheißt, dass jeder, der Gott anruft, gerettet wird. So einfach ist das.

Wenn wir aber für Kranke beten, dann geben wir ihnen im Allgemeinen diese Zusicherung nicht. Wir sagen ihnen, wir hofften, es ginge ihnen bald besser, und dann machen wir die Tatsache, ob sie geheilt (worden) sind oder nicht, davon abhängig, wie sich ihr Zustand in den nächsten Tagen nach unserem Gebet entwickelt. Die richtige Vorgehensweise wäre aber, das auszusprechen, was das Wort Gottes über sie sagt, wie wir es in Bezug auf die Errettung auch tun.

Wir empfangen den Glauben für unsere Errettung durch das Hören des Wortes Gottes, und für Heilung gilt genau das Gleiche. Das Wort Gottes enthält viele Verheißungen in Bezug auf Heilung. Wir müssen dafür sorgen, dass sie in unseren Geist gelangen, wie wir es auch mit seinen Verheißungen über die Errettung getan haben.

Wir beten für Kranke, und dann warten wir ab und beobachten sie, um zu entscheiden, ob sie geheilt sind oder nicht. Wenn wir das mit Sündern täten, dann würde es bestimmt einige Zeit dauern, ehe wir sagen könnten, ob sie wirklich gerettet sind oder nicht. Weshalb behandeln wir also einen Teil der Sühnetat Jesu anders als einen anderen?

Wir müssen endlich anfangen, den gleichen Glauben in Bezug auf Heilung anzuwenden wie in Bezug auf die Errettung. Wir haben nicht das Recht, sie zu trennen und unterschiedlich zu behandeln. Wir sind durch seine Wunden geheilt, und das ist völlig unabhängig von dem, was wir sehen oder fühlen.

Ein Teil der Menschen, für die wir in unseren Heilungsräumen beten, wird nicht vor unseren Augen geheilt, sondern „indem sie gehen“ – wie es auch mit den Aussätzigen zur Zeit Jesu geschah (vgl. Lukas 17,14). Wir hätten Korey Mosher sagen können, wie leid es uns tue, dass sie nicht in den Heilungsräumen geheilt worden war, aber wir hüteten uns davor. Auch wenn es nicht danach aussah, als habe sich etwas verändert, wussten wir doch, dass es so war, und das sprachen wir aus.

Sie sah nicht anders aus als vorher, aber wir wussten, dass sie anders war. Jesaja sagte es und Jesus ebenfalls. Ihre Heilung war ein Teil der Sühnetat Jesu, und wir erkannten diese Tatsache genauso an, wie wir ihre Errettung anerkannten.

Einmal kam Elaine Mason, eine von uns sehr geschätzte Frau aus Virginia, zu uns in die Heilungsräume. Sie litt unter einem Krebsgeschwür an der Nase, das alle umliegenden Blutgefäße beeinträchtigte. Auch ihre Oberlippe war betroffen und ständig geschwollen. Die Ärzte hatten ihr gesagt, sie benötige eine Operation, bei der ein Teil der Nase und Lippe entfernt werden solle. Ich schätzte Elaine auf etwa Mitte vierzig und konnte mir nur allzu gut vorstellen, was ein solcher Bescheid für sie bedeuten musste. Schon als wir sie das erste Mal trafen, wurden unsere Herzen durch sie berührt.

Das Team der Heilungsräume betete vier Tage lang morgens und nachmittags für sie. Am Samstag dieser Woche schien es ihr noch nicht besser zu gehen. Als sie abreiste, sagten wir ihr aber, sie werde „im Gehen" geheilt werden.

Wir hatten die Verheißungen des Wortes Gottes in Elaines Herz hineingesät und schließlich den Eindruck gewonnen, dass ihr Glaube inzwischen stark genug war, dass sie diese Verheißungen als Teil der Sühnetat Jesu selbst ergreifen konnte. So war es dann auch; noch während ihres Heimfluges ging die Schwellung zurück, und die dunkelrote Verfärbung ließ nach. Als sie den nächsten Gottesdienst in ihrer Heimatgemeinde besuchte, waren ihre Nase und ihre Lippe schon fast wieder im Normalzustand. Sie waren noch leicht gerötet, aber ihre Freunde konnten sehen, dass Gott am Werk war, und sie taten Buße dafür, dass sie nicht geglaubt hatten.

Elaines Heilung hatte weitreichende Auswirkungen in ihrer Stadt. Sie hatte ihre Heilung empfangen, weil sie den Worten Jesu geglaubt hatte.

Solange wir nicht alle Unsicherheit aus unserem Leben hinauswerfen, ob es auch heute noch der Wille Gottes ist, zu heilen, und ob er gerade *uns* heilen will, werden wir keine dauerhafte Heilung unseres Körpers erleben. Glaube und Zweifel lassen sich nicht vermengen. Das eine ist immer der Feind des anderen.

Der Psalmist verkündete:

> *Ich werde nicht sterben,*
> *sondern leben und des HERRN Werke verkündigen*
> (Psalm 118,17).

Wie konnte der Schreiber der Psalmen eine so kühne Behauptung über seine Heilung machen? Weil die Bibel ganz eindeutig sagt, dass es nicht der Wille Gottes für uns ist, dass wir krank sind oder frühzeitig sterben. Wenn alle seine Soldaten sterben, wie kann er dann eine Armee aufstellen? Wenn wir mächtige Krieger sein sollen, wie sollen wir das mit unseren Krücken anstellen? Wenn Gott uns befiehlt, in alle Welt zu gehen und das Evangelium zu verkünden, wie soll das funktionieren, wenn wir vor Schmerzen flach auf dem Rücken liegen?

Es ist der Feind, der Armut auf uns bringt. Es ist der Feind, der uns mit Krankheiten plagt, damit wir nicht unser ganzes Potenzial ausschöpfen. Gott setzt uns frei.

Auch dazu stellt der Autor der Psalmen fest:

> *Er sandte sein Wort und machte sie gesund*
> *und errettete sie, dass sie nicht starben*
> (Psalm 107,20).

Der Apostel Johannes lehrte genau das Gleiche, nämlich dass Jesus kam, *„dass er die Werke des Teufels zerstöre“:*

> *Dazu ist erschienen der Sohn Gottes,*
> *dass er die Werke des Teufels zerstöre*
> (1. Johannes 3,8).

Dieses Werk endete nicht, als Jesus zum Vater in den Himmel zurückkehrte. Er hat uns sogar befohlen, sein Werk weiterzuführen. Wir sollen den Kranken die Hände auflegen und sie heilen.

Es ist an der Zeit, dass Heilung wieder ihren angestammten Platz als einen Teil der Sühnetat Jesu zurückerhält. Warum sollten wir uns mit der Hälfte des Versöhnungswerkes Jesu zufrieden geben? Weshalb sollten wir uns mit der Rettung begnügen, wenn Gott uns doch so viel mehr geben möchte?

Der Schreiber der Psalmen sprach von den Segnungen der Sühne:

> *Lobe den HERRN, meine Seele,*
> *und vergiss nicht,*
> *was er dir Gutes getan hat:*
> *der dir alle deine Sünde vergibt*
> *und heilet alle deine Gebrechen,*
> *der dein Leben vom Verderben erlöst,*
> *der dich krönet mit Gnade und Barmherzigkeit,*
> *der deinen Mund fröhlich macht,*
> *und du wieder jung wirst wie ein Adler*
> (Psalm 103,2-5).

Das ist also das „*Gute*“, das er uns getan hat. Ist Gott immer noch der, „*der dir alle deine Sünde vergibt*“? Natürlich ist er das! Und genau das ist auch der Grund, weshalb wir uns so sicher sein können, dass er auch *„alle deine Gebrechen heilt"*. Wir können nicht das eine annehmen, und das andere ablehnen. Gott hat sich nicht verändert.

Jesus selbst hat uns gelehrt, dass die Wahrheit frei macht (vgl. Johannes 8,32). Es ist an der Zeit, dass die Gemeinde Jesu Christi von der Wahrheit seiner Heilungskraft durchdrungen wird, und dass Heilung wieder als ein Teil der Sühne Jesu erkannt wird.

18 Der Same der Heilung

Wie können wir Glaube für Heilung bekommen? Wir wissen ja, dass Glaube aus dem Hören des Wortes Gottes kommt, und dieses Wort wird in der Bibel als Same beschrieben, der wachsen und Frucht bringen kann. Wenn wir darauf bestehen, dass wir unsere Heilung allein auf Grund dessen, was wir sehen, annehmen oder ablehnen, dann verpassen wir das Beste von dem, was Gott für uns hat. Sein Wort in uns kann wachsen und etwas hervorbringen, das noch nicht sichtbar ist.

Die Gemeinde wird nie eine Ernte an Heilung einbringen, wenn wir nicht endlich anfangen, mehr gute Samen zu säen, so wie auch kein Bauer eine Ernte erwarten kann, wenn er nicht vorher den Samen gesät hat, der die Ernte hervorbringen soll. Wenn der Same noch in der Scheune herumliegt, wird es keine Ernte geben. Sie wird nie kommen.

Ich wuchs auf dem Land auf, und als ich noch recht jung war, hatte ich einmal die Idee, den Kern eines leckeren Pfirsichs, den ich gerade aß, einzupflanzen, damit wir später noch mehr Pfirsiche bekämen. Meine Mutter riet mir, den Kern an der Spüle liegen zu lassen, damit er zunächst trocknen konnte. Ich fand das etwas seltsam, tat aber letztlich, was sie gesagt hatte. Doch dann vergaß ich das Ganze.

Später in diesem Sommer kam ich wieder an diesem Kern vorbei und merkte, dass ich ihn vollständig vergessen hatte. Ich nahm ihn in die Hand, aber er schien vollkommen tot zu sein. Das war eine große Enttäuschung für mich. Wie sollte ich jetzt zu meinem Pfirsichbaum kommen?

Meine Mutter meinte jedoch, ich solle den Kern trotzdem einpflanzen, und das tat ich auch. Dann riet sie mir, die Stelle, wo ich ihn eingepflanzt hatte, regelmäßig zu begießen und das Unkraut zu jäten ... bis eines Tages ein kleiner Trieb aus dem Boden kam. Der Pfirsichkern war tatsächlich aufgegangen, hatte Wurzeln geschlagen und war gewachsen. Das war ein aufregendes Erlebnis für einen kleinen Jungen, das ich niemals vergaß.

Von Anfang an war in diesem Samen Leben angelegt. Das ganze Potenzial war da. Wenn ich aber den Samen nicht gepflanzt und gegossen und das Unkraut nicht gejätet hätte, wäre niemals eine Pflanze daraus geworden. Es wäre dann nicht Gottes Schuld gewesen. Es wäre einzig und allein meine Schuld gewesen.

Hätte ich den Kern noch ein weiteres Jahr lang an der Spüle liegen lassen, dann wäre zwar immer noch das vollständige Potenzial in ihm angelegt gewesen, aber ich hätte keine Frucht von ihm bekommen. Ich konnte die Kraft des Samens erst dadurch freisetzen, dass ich ihn einpflanzte, und genau das müssen wir auch mit dem Wort Gottes tun.

Das Potenzial für Wachstum ist im Samen des Wortes Gottes bereits angelegt, aber das, was wir damit tun, entscheidet darüber, ob wir davon eine Ernte einbringen oder nicht. So hätte es zum Beispiel nicht funktioniert, wenn ich nach einer Woche den Samen wieder ausgegraben hätte, um nachzusehen, wie weit er schon gewachsen war. Ich musste ihn einfach im Boden lassen.

Dieses Wachstumspotenzial, das im Samen des Wortes Gottes bereits angelegt ist, ist *„eine feste Verwirklichung dessen, was man erhofft“* (Hebräer 11,1; Elberfelder Übersetzung 1985). Diese „Verwirklichung“ kommt, wenn wir das tun, was Gott verlangt. Wenn wir dann den Samen seines Wortes (*„durch seine Wunden sind wir geheilt“*) in unser Herz einpflanzen und daran festhalten, wenn wir ihn nähren und darin leben, dann wird dieser Same auf jeden Fall Frucht hervorbringen. Es geschieht dann, wenn wir nicht entsprechend dem leben, was wir sehen, sondern nach dem, was Gott sagt.

Wenn der Same richtig gesät wird, gibt es immer eine Ernte. Aber in der Zeit, die zwischen der Aussaat und dem Heranreifen der Ernte liegt, müssen wir im Glauben leben. Man kann nicht sehen, wie der Same wächst, bis er durch den Erdboden bricht und für alle sichtbar wird. Ein guter Landwirt weiß jedoch, was unter der Erde vor sich geht.

Sobald Sie geheilt sind, benötigen Sie keinen Glauben mehr. Jeder kann das Ergebnis sehen. Aber durch den Glauben können Sie es schon lange wissen, bevor es für alle anderen sichtbar wird. Glaube wirkt im Unsichtbaren und bringt etwas Sichtbares hervor. Wir müssen es lernen zu erwarten, dass sich die natürliche Welt der geistlichen Welt anpasst, nicht anders herum. Der Same wird nicht durch die Ernte bestimmt, sondern die Ernte durch den Samen.

Das Unsichtbare ist realer als das Sichtbare. Das Geschaffene muss dem Schöpfer gehorchen. Durch das Wort Gottes können wir Dinge wieder in Ordnung bringen, und Heilung wird dann für diejenigen, die nicht glauben, zum Zeichen, dass es Gott gibt.

Unser Glaube für Heilung darf sich auf nichts anderes gründen als auf das Wort Gottes allein. Er kann auf keinen Fall durch das kommen, was wir sehen, hören oder um uns herum wahrnehmen.

Glaube, der nicht zu Taten führt, kann zu totem Glauben werden. Wenn wir aber auf Grund unseres Glaubens handeln, dann ist er voller Kraft und bringt die entsprechenden Ergebnisse hervor:

> *Darum sage ich euch: Alles, um was ihr auch betet und bittet, glaubt, dass ihr es empfangen habt, und es wird euch werden* (Markus 11,24; Elberfelder Übersetzung 1985).

„*Alles!*" Das ist wirklich gewaltig!

Aber wie können wir das alles empfangen? Jesus sagte, wir müssten das, wofür wir beten, als bereits erledigt betrachten. „*Glaubt, dass ihr es empfangen habt.*" Auf diese Weise setzen wir die Kraft des Wortes frei, seinem Wesen gemäß Frucht hervorzubringen.

Es wird uns nicht gesagt, wir sollten glauben, sobald wir die gewünschte Heilung empfangen hätten, sondern wir sollten bereits zu dem Zeitpunkt glauben, an dem wir den Samen dafür empfangen. Pflanzen Sie den Samen, damit Sie die Ernte der Heilung einbringen können, die er hervorbringen wird. Das ist ein wichtiger Schlüssel, um noch größere Heilungswunder zu erleben.

Johannes schrieb an die Gemeinde des ersten Jahrhunderts nach Christus:

> *Und das ist die Zuversicht, die wir haben zu Gott: Wenn wir um etwas bitten nach seinem Willen, so hört er uns. Und wenn wir wissen, dass er uns hört, worum wir auch bitten, so wissen wir, dass wir erhalten, was wir von ihm erbeten haben* (1. Johannes 5,14-15).

„*So wissen wir, dass wir erhalten*" – noch ehe wir die Ergebnisse sehen. Das ist Glaube.

Kann etwas schief gehen? Nein. Gottes Wort wird immer das hervorbringen, wozu er es gesandt hat. Er hat uns versprochen, dass es niemals leer zu ihm zurückkehrt. Daher darf sich unser Glaube nicht auf das gründen, was im Natürlichen geschieht, sondern nur auf das, was Gott gesagt hat.

Warten Sie nicht darauf, dass Ihre Heilung beginnt, ehe Sie zu glauben anfangen. Das wäre genau das Gegenteil von dem, was Gott gesagt hat. Warten Sie auch nicht ab, bis ein Teil der Heilung sichtbar wird, ehe Sie für den Rest glauben. Lassen Sie den gleichen Samen, der einen Teil Ihrer Heilung hervorbringt, auch die vollständige Heilung zu Wege bringen.

Viele Menschen verlieren ihre Heilung, weil sie ihre Aufmerksamkeit vom Samen der Verheißung Gottes abwenden und sich stattdessen auf ihre Symptome oder Umstände konzentrieren. So sind zum Beispiel Schmerzen eine schreckliche Ablenkung.

Deshalb geben wir den Leuten, die uns in den Heilungsräumen aufsuchen, das Wort Gottes. Wir versuchen, die Schriftstellen über Heilung fest in ihrem Herzen zu verankern. So überreichen wir zum Beispiel allen Kranken, für die gebetet wurde, ein Blatt mit Anweisungen, wie sie ihre Heilung behalten können. Das ist sehr wichtig, weil wir wissen, dass der Feind stets versuchen wird, die Symptome zu benutzen, um die Betreffenden zu entmutigen und ihnen einzureden, sie seien nicht geheilt worden.

Das sollte uns eigentlich nicht überraschen. Es war schließlich auch der Feind, der Krankheit überhaupt erst über uns gebracht hat. Daher gefällt es ihm natürlich überhaupt nicht, wenn die ersten Anzeichen unserer Heilung sichtbar werden. Er will Gott, der uns die Heilung geschenkt hat, die Ehre rauben. Wenn die Symptome dann wiederkehren, müssen wir sie als das entlarven, was sie in Wirklichkeit sind – Lügen des Teufels.

In dem Moment, wo die Symptome Ihrer Krankheit zurückkehren, wird sich offenbaren, was Sie mit den Verheißungen Gottes tun werden. Sie können sie entweder wegwerfen und den Lügen des Teufels Glauben schenken, oder Sie können am Wort Gottes festhalten und die Täuschungsversuche des Teufels zurückweisen.

Wenn Sie von einem Leiden am Fuß geheilt wurden, dann bereitet es dem Teufel das größte Vergnügen, wieder Schmerzen in genau diesen Fuß zu schicken, um zu sehen, wie Sie darauf reagieren. Jesus hat dieses Werk des Bösen genau beschrieben.

> *Die aber auf dem Weg, das sind die, die es hören; danach kommt der Teufel und nimmt das Wort aus ihrem Herzen, damit sie nicht glauben und selig werden* (Lukas 8,12).

Selbstverständlich gilt genau das Gleiche für den Samen der Heilung. Der Teufel wird versuchen, Ihnen diesen Samen sofort wieder zu stehlen. Wenn das geschieht, dann haben Sie die

Wahl. Werden Sie dem Symptom Glauben schenken, oder werden Sie dem Wort Gottes glauben? Sie können diesen Angriff abwehren, indem Sie sozusagen „die Annahme verweigern".

Wenn Ihnen jemand mit der Post ein hübsches Päckchen voller zischender Klapperschlangen zusenden würde, würden Sie das annehmen? Oder würden Sie „zurück an Absender" darauf schreiben und es dorthin zurückschicken, wo es herkam? Sie haben die Wahl. Sie müssen nichts von dem annehmen, was der Teufel Ihnen gerne schicken würde. Halten Sie am Wort Gottes fest, ganz egal, was Sie um sich herum sehen.

Keith Gutenberger, ein Teenager aus einer Presbyterianer-Gemeinde, hatte vier Jahre lang an erheblichen Migräneanfällen gelitten. Die Kopfschmerzen waren so stark, dass ihn die Medikamente, die er benötigte, um die Schmerzen halbwegs ertragen zu können, völlig außer Gefecht setzten. Er war nicht mehr in der Lage, zur Schule zu gehen und hatte deshalb alle Hoffnung aufgegeben, jemals zu studieren, zu heiraten und ein normales Leben zu führen.

Eines Tages rief mich Keiths Mutter an. Sie arbeitete in ihrer Gemeinde als Sekretärin; Keiths Vater war der Leiter des Chors. Sie hatten von den Heilungsräumen gehört, und nun wollte sie wissen, ob ich der Meinung war, dass wir Keith helfen könnten.

„Im Laufe der letzten vier Jahre", so berichtete sie am Telefon, „haben wir Keith zu jedem Gebetsgottesdienst mitgeschleppt, den wir nur finden konnten. Warum sollte ich jetzt glauben, dass irgendetwas anders sein könnte?"

„Sie haben sich die ganze Zeit um Heilung bemüht?" fragte ich.

„Ja, das haben wir", versicherte sie mir.

„Nun, was Sie jetzt brauchen", erklärte ich ihr, „ist, einfach in die Gegenwart des Herrn zu kommen. Wenn Sie dem Heiler von Angesicht zu Angesicht begegnen, wird Keith geheilt werden." Sie beschlossen, es bei uns zu versuchen.

Nicht lange danach brachten sie Keith eines Tages bei uns in den Heilungsräumen vorbei. Ein Team betete dort für ihn, und die Migräne verschwand. Seine Eltern waren außer sich vor Freude. Auch für sie wurde gebetet und sie fielen unter der Kraft Gottes zu Boden; sie lagen dort, waren voll des Heiligen Geistes und wurden sehr gesegnet.

Nur eine Woche später kehrten Keiths Symptome zurück. Seine Mutter rief bei uns an und fragte, was sie tun sollten. „Bringen Sie ihn noch einmal zu uns", riet ich ihr. Diesmal erklärten wir ihnen die Lügennatur Satans und seine Versuche, uns zu täuschen. Wir legten Keith erneut die Hände auf, und seine Migräne verschwand und kehrte nie wieder zurück.

Keith konnte zusammen mit anderen jungen Leuten aus seiner Gemeinde auf einen Einsatz nach Mexiko gehen, und später konnte er auch studieren. Nach diesen Ereignissen hatten wir in den Heilungsräumen einen ständigen Besucherstrom von Leuten aus Presbyterianer-Gemeinden, weil Keith und seine Eltern in ihrer Gemeinde Zeugnis gegeben hatten, was Gott an ihm getan hatte.

Da es sich bei Heilung um ein vollbrachtes Werk handelt, möchte der Herr auch, dass unsere Heilung bleibt. Deshalb hängt unsere Heilung auch nicht davon ab, wie wir uns fühlen, sondern davon, was er getan hat.

Wir müssen bekennen: *„Durch seine Wunden bin ich geheilt.“* Vielleicht können wir noch keine Auswirkungen sehen, aber es ist trotzdem Realität. Wir müssen das Wort Gottes für unsere Heilung empfangen, und dann müssen wir in diesem Wort leben. Der Autor des Hebräerbriefes gibt uns eine gute Leitlinie dafür. Er schreibt:

> *Darum werft euer Vertrauen nicht weg, welches eine große Belohnung hat. Geduld aber habt ihr nötig, damit ihr den Willen Gottes tut und das Verheißene empfangt* (Hebräer 10,35-36).

An diesem Punkt scheitern viele Menschen, ihre Heilung zu empfangen. Gott befiehlt uns hier, unser Vertrauen nicht *„wegzuwerfen“*, weil ein Same immer eine Ernte hervorbringt. Vielleicht bleibt sie noch eine Weile im unsichtbaren Bereich, aber wir können Gott und seinem Wort vertrauen.

Um unsere Heilung zu empfangen, *„haben wir Geduld nötig“*. Diese Geduld bedeutet Festigkeit und Beständigkeit. Seien Sie fest in dem, was Gott Ihnen gegeben hat, und Sie werden die Belohnung empfangen, die er für Sie vorgesehen hat. Wozu ist das Wort nütze, wenn Sie ihm nicht die Möglichkeit geben, etwas in Ihnen hervorzubringen? Was nützt ein Same, der keine Ernte hervorbringen kann? Gott möchte uns mehr als nur Samen geben. Er möchte uns die ganze Ernte geben, die dieser Same hervorbringen kann.

19 Unser festes Fundament

Unser Glaube beruht auf einem viel festeren Fundament als auf den sich oft widersprechenden Wahrnehmungen unserer natürlichen Sinne. Dieser Glaube beruht auf dem unerschütterlichen Wort Gottes, das in Ewigkeit bleibt, und das eine schöpferische Kraft in uns ist.

Wie schon erwähnt, ist unser Glaube *„eine feste Verwirklichung dessen, was man erhofft"* (Hebräer 11,1). Er ist also nicht das, was man hofft, sondern die feste Verwirklichung dessen, was man erhofft. In diesem Samen liegt eine schöpferische Kraft, die freigesetzt werden kann – je nachdem, was wir mit dem Samen tun.

Unser Glaube hängt nicht davon ab, wie wir uns fühlen, weil er realer ist als unsere Krankheit. Wenn das Wort Gottes die Welt und alles in ihr geschaffen hat, macht es dann nicht auch Sinn, dass die Welt und alles in ihr dem Schöpfer untertan ist?

Wenn Jesus kam, um die Werke des Teufels zu zerstören, und wenn die Krankheit in uns ein Werk des Teufels ist, dann muss dieses Werk zerstört werden. Das ist eine Botschaft für Christen. Es wäre uns auch nicht egal, wenn ein Verlorener zu uns in den Gottesdienst käme, sich an unseren Programmen beteiligte, aber sich sonst nichts weiter dabei denken würde. Nein, wir hätten es auf dem Herzen, dass er sich bekehrt. Aber dennoch lassen wir zu, dass Kranke auf allen Ebenen unseres Gemeindelebens beteiligt sind, ohne dass es uns zu Herzen geht. Wieso lassen wir sie leiden? Es ist an der Zeit, dass wir den Sieg über die Krankheit erringen. Jesus ist gekommen, um sie zu zerstören, genau wie er gekommen ist, um unsere Sünde zu zerstören.

Wenn jemand krank wird, ruft er als erstes einen Arzt, und die meisten Christen machen da keine Ausnahme. Wieso denken wir nicht als erstes daran, zu Dr. Jesus zu gehen? In unseren Heilungsräumen sagen wir den Leuten nicht, sie sollten *nicht* zum Arzt gehen, aber wir erwarten, dass der Tag kommt, an dem ihr Glaube so stark ist, dass sie die Hilfe eines Arztes nicht länger brauchen.

Wir dürfen es nicht zulassen, dass unser Glaube für Heilung von der Tatsache bestimmt wird, ob wir im Natürlichen einen Arzt aufsuchen oder nicht. Unser Glaube für Heilung ist von keinem Arzt abhängig. Er kommt durch das Wort Gottes.

Wenn Sie von einem Arzt betreut werden, und Gott Sie dann heilt, dann wird der Arzt oft begeistert davon sein. Seine Aufgabe ist dann beendet.

Wir müssen endlich von unserer Abhängigkeit von der natürlichen Welt wegkommen und uns von der geistlichen Welt abhängig machen. Schließlich ist die geistliche Welt realer, weil sie die natürliche Welt erst hervorgebracht hat. Diese Abhängigkeit von der geistlichen Welt führt dazu, dass wir nicht länger von den Dingen bestimmt werden, die wir sehen, sondern von dem, was wir von Gott hören. Das wird auch alles verändern, was wir sehen.

Wenn wir durch das Wort Gottes die Überzeugung gewinnen, dass unsere Gebete erhört worden sind – bevor wir die entsprechenden Resultate sehen –, dann wissen wir, dass das Wort wirklich in uns am Werk ist. Das bewirkt, dass die schöpferische Kraft, die Kraft des Glaubens, freigesetzt wird, die dann anfängt, in uns etwas Neues zu schaffen. Glaube freut sich an den Verheißungen Gottes, als ob alle Probleme bereits gelöst wären und wir das jetzt schon genießen könnten.

Ab und zu wird in den Nachrichten von Leuten berichtet, die in einer Lotterie gewonnen haben. Sie halten dann ihren Lotterieschein hoch, um ihn allen zu zeigen. Es ist leicht zu sehen, dass sie sich sehr freuen. Sie schmieden bereits große Pläne, was sie mit dem Geld tun werden, das sie gewonnen haben.

Aber in Wirklichkeit haben sie noch überhaupt kein Geld. Alles, was sie haben, ist ein Lotterieschein. Wenn sie nun irrtümlich die Zahl auf diesem Schein falsch gelesen hätten, wenn sie sich nur um eine Ziffer getäuscht hätten, dann wäre ihr ganzer erwarteter Gewinn dahin. Aber jetzt machen sie sich keinerlei Sorgen darum. Sie sind ganz aufgeregt und freuen sich, weil sie sich sicher sind, die richtige Zahl zu haben. Sie sind sich sicher, dass dieser kleine Zettel gegen den Hauptgewinn eingelöst werden wird.

Warum können wir Christen keinen solchen Glauben haben? Weshalb haben wir größeren Glauben an Lotteriescheine als an das Wort Gottes? Was ist größer? Die Chance, in einer Lotterie zu gewinnen, ist minimal, aber die Verheißungen aus dem Wort Gottes erfüllen sich alle.

Das Wort Gottes bringt immer das hervor, wozu es ausgesandt wurde. Schalten Sie um von der Abhängigkeit von der natürlichen Welt zur Abhängigkeit von der übernatürlichen Welt, und Sie werden sehen, wie alle Verheißungen Gottes für Ihr Leben in Erfüllung gehen. Zweifeln Sie nicht länger an Ihrem Glauben. Zweifeln Sie an Ihren Zweifeln. Glaube ist etwas, aber Zweifel sind gar nichts.

Wir müssen damit anfangen, so zu glauben, wie Jesus glaubte. Wir müssen seinem Beispiel folgen. Er sagte: *„Es wird besser mit ihnen werden.“* Die gleiche Position müssen auch wir einnehmen. Sie können dem Feind entgegenhalten: „Es steht geschrieben: Es wird besser mit mir werden!“

Wenn es wirklich falsch wäre, wie einige behaupten, zu verkünden, dass wir wissen, dass Gott uns heilen wird, dann wäre es auch falsch, dass ein Bauer eine Ernte erwartet, wenn er seinen Samen ausbringt. Wir verkünden aber nicht nur – wie viele –, dass Gott dazu in der Lage ist, sondern wir verkünden auch, dass Gott bereit und willens ist, und dass das Werk eigentlich schon längst vollbracht ist.

Es reicht nicht aus, wenn wir nur auf unsere Heilung *hoffen*. Viel zu viele Menschen sagen: „Nun, ich hoffe, dass ich geheilt bin.“ Hoffnung liegt irgendwo in den Möglichkeiten der Zukunft, aber Glaube ist eine Tatsache in der Gegenwart. Wir sollen nicht nur darauf hoffen, dass es geschieht; wir müssen wissen, dass es so ist. Wenn Sie einen solchen Glauben des „Ich weiß es“ entwickeln, dann wird Gott für Sie handeln.

Viele zweifeln immer noch daran, ob Gott uns wirklich heilen will oder nicht. Glauben Sie mir, er will unsere Heilung viel mehr, als wir selbst. Wenn Gott Jesus ans Kreuz sandte, um uns Heilung zu schenken, dann ist das in meinen Augen ein ziemlich guter Hinweis darauf, was er tun möchte.

20 Steh auf, Gemeinde

Die meisten, die in die Heilungsräume kommen, gehören irgendeiner Gemeinde an. Wir freuen uns, dass sie kommen und geheilt werden. Wenn allerdings die Gemeinden ihre Aufgabe richtig wahrnehmen würden, dann gäbe es erst gar nicht so viele kranke Christen.

So, wie Gott wollte, dass die Erfahrung unserer Errettung dauerhaft sein soll und wir jeden Tag darin leben sollen, wollte er auch, dass Heilung unseres Körpers von Dauer ist. Er will, dass wir geheilt werden und gesund bleiben. Das ist sein Geschenk an uns.

Ebenso wenig, wie Gott uns dazu berufen hat, ständig niedergeschlagen zu sein oder mit Eheproblemen zu kämpfen, hat er uns dazu berufen, krank zu sein. Wenn wir seine Armee sein sollen, dann muss jeder Einzelne von uns zum Dienst zugerüstet werden. Jeder muss empfangen, was er persönlich zu einem siegreichen Leben braucht, um anderen dienen zu können. Gottes Armee darf nicht ständig von den feindlichen Truppen aufgehalten werden. Wenn wir nie unsere Zelte verlassen, wie sollen wir dann das große Werk tun, zu dem Gott uns berufen hat?

Die Armee Gottes muss von seiner Kraft erfüllt sein und in seiner Gegenwart leben. Manche von uns haben den Helm des Heils schief auf dem Kopf sitzen, den Panzer der Gerechtigkeit verkehrt herum an, und das Schwert des Geistes klebt an unseren Füßen. Gott will das in Ordnung bringen. Dann werden wir als sein mächtiges Heer ausziehen und das zurückerobern können, was der Teufel uns geraubt hat. Das ist unser Auftrag.

In den Heilungsräumen zielt unsere Vision weit darüber hinaus, dass in Spokane und anderen Städten Heilungsräume eingerichtet werden. Gott ruft eine Armee zusammen, und er hat uns eine Last für seine weltweite Gemeinde gegeben. Die große Ernte ist reif. Steh auf, Gemeinde. Dies ist der Tag der großen Erweckung.

Heilung wird dabei wie das Untergewand der Soldaten Gottes sein. Unsere Waffenrüstung tragen wir darüber. Wenn ein Soldat krank wird, dann muss er aus dem Kampf ausscheiden. Das ist heute ein ernsthaftes Problem, weil so viele krank sind, dass nur wenige für den Kampf übrig bleiben. Gott möchte, dass Ihre Krankheit überwunden wird.

Es ist an der Zeit, aus unseren Zelten herauszukommen und unseren Platz an der Front einzunehmen. Wenn der Feind unsere Linien ansieht, dann darf er keine niedergeschlagene und erschöpfte Truppe sehen. Er soll eine mächtige Armee erblicken und in Panik fliehen.

Wir müssen uns in Kraft erheben, um dem Teufel mit Gewalt zu widerstehen; Zeichen und Wunder sollen zu unserem Alltag gehören. Erheben Sie sich, um Beute zu machen und um die große, endzeitliche Ernte einzubringen.

Jesus, unser Bräutigam, sehnt sich danach, zurückzukehren; wenn er aber kommt, dann wird er nach einer Braut Ausschau halten, die sich vorbereitet hat. Genau darum geht es bei unserer gegenwärtigen Bewegung der Zeichen und Wunder. Sie bereitet die Gemeinde vor und macht uns fähig, die Seelenernte einzuholen.

Die Propheten, die Gott in die Gemeinde gestellt hat, sprechen nicht von weniger Heilung, sondern von mehr Heilung. Sie sprechen nicht davon, dass die Heilungskraft der Gemeinde abnimmt, sondern von einer stetig zunehmenden Salbung in diesem Bereich.

Der Teufel hat schon viel zu lange seinen Willen durchsetzen können. Jetzt sind wir an der Reihe. Steh auf, Gemeinde. So wie die Welt vom Teufel besessen ist, wollen wir jetzt von Gott besessen sein, besessen von seiner Kraft und von seiner Liebe. Wir wollen so besessen sein, dass es für alle Menschen, denen wir je begegnen, offensichtlich ist.

Gott möchte, dass seine Gemeinde in der Welt sichtbar ist, denn er möchte überall seine Liebe und Kraft demonstrieren. Es ist endlich an der Zeit, dass Menschen, denen wir im Alltag begegnen, wieder zu Tränen gerührt werden, weil sie die Gegenwart Gottes spüren, die uns umgibt.

Eines Tages kamen scheinbar zufällig zwei Frauen direkt von der Straße in unsere Heilungsräume in Spokane. Sie waren aufreizend gekleidet, und eine war voller Tätowierungen. Sie suchten eigentlich das Sozialamt, das sich früher einmal in dem Gebäude befunden hatte, aber inzwischen umgezogen war.

Neben dem Aufzug sahen sie ein Schild, auf dem stand: HEILUNGSRÄUME, DRITTER STOCK. Da sie sich nicht vorstellen konnten, was das bedeuten sollte, beschlossen sie, in den dritten Stock zu fahren und sich das Ganze anzusehen. Als sie im dritten Stock den Aufzug verließen und sich die Tür hinter ihnen schloss, hatten sie das seltsame Gefühl, in eine Falle getappt zu sein.

Die Anbetungsmusik aus dem Empfangsbereich war im Flur noch leise zu hören, und sie wurden davon seltsam berührt. Mit einem Mal fühlten sich beide sehr verloren. Bis zu diesem Moment war beiden überhaupt nicht bewusst gewesen, wie verloren sie waren.

Die Tränen liefen den beiden bereits über das Gesicht, als Cyndy, unsere Empfangsdame, sie erblickte. Sie ging zu den beiden hinüber, nahm sie am Arm und sagte zu ihnen: „Wir würden gerne für Sie beten."

Eine der beiden Frauen sagte: „Aber wir haben gar kein Geld."

„Meine Liebe, es ist ganz umsonst", erwiderte Cindy.

Es schien für sie schwer vorstellbar, dass etwas so Wunderbares nichts kosten sollte.

Die beiden Frauen wurden in den Silbernen Raum geführt, wo für sie gebetet wurde. An diesem Tag begegneten sie Jesus von Angesicht zu Angesicht. Ich werden den Anblick der jungen Frau mit den Tätowierungen niemals vergessen, als sie auf dem Weg nach draußen war. Sie ging gerade an einem Gemälde im Empfangsbereich vorbei, auf dem Jesus mit ausgebreiteten Armen zu sehen ist. Sie wandte sich um, sah ihn an, küsste ihre Fingerspitzen und streckte dann ihre Hand aus und berührte ihn. Dabei hörte ich sie sagen: „Danke."

Es geht einfach nur um die Gegenwart Gottes.

Haben Sie sich schon jemals im Wald verlaufen? Es ist eigentlich gar nicht so schlimm, bis Ihnen mit einem Mal aufgeht, dass Sie sich verlaufen haben, und dann überfällt Sie eine schreckliche Verzweiflung. Das ist genau die Art von Verzweiflung, die ich heute auf der ganzen Welt erkenne. Die Menschen sind verloren, und sie wissen, dass sie verloren sind, und mit einem Mal sehnen sie sich sehr danach, gefunden zu werden. Es ist eine wunderbare Zeit für uns Christen.

Gott möchte uns heilen, damit wir hingehen und unsere Städte und Nationen heilen können. Steh auf, Gemeinde. Sei geheilt und geh, um zu heilen und zu retten.

Wir sollten nicht länger mit der Erwartung zum Gottesdienst gehen, dass einem Teil unserer persönlichen Nöte abgeholfen wird, sondern es ist an der Zeit, dass wir erwarten, ausgerüstet zu werden, um hinauszugehen und den Menschen um uns herum zu dienen. Die Anbetung in einem Sonntagsgottesdienst ist wunderbar und wichtig, aber diese Zeit mit Gott muss uns auf das vorbereiten, was uns am Montag und im Verlauf der übrigen Woche begegnen wird.

Es ist an der Zeit, dass die Gemeinde endlich aus den vier Wänden ihrer Versammlungsräume herauskommt und anfängt, das Werk des Herrn zu tun. Er hat uns beauftragt, in das Feindeslager einzudringen und das zurückzuerobern, was uns geraubt wurde. Gott möchte im Supermarkt, im Rathaus, in unseren Klassenzimmern und an unseren Arbeitsplätzen wirken. Er ist überall am Wirken, wo es Menschen gibt, und das ist häufig nicht in der Gemeinde. Wir können nicht länger darauf warten, dass alle zu uns kommen. Wir müssen zu ihnen gehen, und wenn wir das tun, dann müssen sie in unserem Leben die Kraft Gottes am Werk sehen.

Lassen Sie das Wort Gottes in aller Fülle in Ihrem Herzen wohnen, damit es von dort aus allen um Sie herum Heilung bringen kann, die leiden. Es ist an der Zeit, dass wir nicht nur lernen, wie wir das empfangen können, was uns Gott für unser eigenes Leben verheißen hat, sondern auch, wie wir es an andere weitergeben können.

Steh auf, Gemeinde.

Im Namen Jesu.
Amen!

Nachwort

Zum Zeitpunkt der Abfassung dieser Zeilen beten wir in den Heilungsräumen jede Woche für etwa dreihundertfünfzig Menschen aus den USA und anderen Ländern. Jeden Monat führen wir in anderen Städten der USA zwei Heilungskonferenzen durch, und in vielen anderen Städten in unserem Land und in anderen Ländern auf der ganzen Welt werden neue Heilungsräume eröffnet. Wir bestürmen Gott beständig, er möge uns eine noch größere Heilungssalbung geben.

Es ist eine wunderbare Zeit, in der wir leben! Der Gott John G. Lakes ist auch im 21. Jahrhundert noch am Werk.

John Lake war eines von sechzehn Kindern, und als er aufwuchs, musste er mit ansehen, wie acht seiner Geschwister an verschiedenen Krankheiten starben. Das hinterließ tiefe Spuren in seinem Leben. Später schrieb er einmal, dass es zweiunddreißig Jahre lang in seiner Familie immer jemand gegeben hatte, der krank oder gebrechlich war. Er schrieb weiter: „In dieser Zeit war unser Zuhause immer von Krankheit gezeichnet. Wenn ich an meine Kindheit und Jugendzeit zurückdenke, überfallen mich die Erinnerungen wie ein Alptraum – Krankheit, Ärzte, Krankenschwestern, Krankenhäuser, Kränze, Beerdigungen, Gräber, Grabsteine, ein Trauerhaus, eine Mutter mit gebrochenem Herzen und ein tief betrübter Vater, die alle versuchen, den Schmerz der Vergangenheit zu vergessen, um den überlebenden Familienmitgliedern gerecht zu werden, die ihre Liebe und Aufmerksamkeit benötigten.“[1] Vielleicht war es die Folge dieser tragischen Familienerfahrung, dass John G. Lake sein Leben lang Krankheit so leidenschaftlich hasste. Dieser tief verwurzelte Hass gegen jede Form von Krankheit hat sicherlich zur Entwicklung der wunderbaren Heilungskraft beigetragen, die in sein Leben kam.

Einmal verlor er um ein Haar seine eigene Frau. Sie war schwer krank und wäre fast gestorben. In dieser Zeit äußerster Belastung empfing er eine große Offenbarung über die Kraft Gottes. Frustriert und verständnislos für das, was geschah, legte er seine Bibel vor sich auf den Tisch und schlug Apostel-

---

1 John G Lake: His Life, His Sermons, His Boldness of Faith (Sein Leben, seine Predigten, seine Kühnheit im Glauben), Kenneth Copeland Publications, Fort Worth, Texas, 1994; Seite 237.

geschichte 10,38 auf. Dort las er, „... *wie Gott Jesus von Nazareth gesalbt hat mit heiligem Geist und Kraft; der ist umhergezogen und hat Gutes getan und alle gesund gemacht, die in der Gewalt des Teufels waren, denn Gott war mit ihm.*" In diesem Augenblick verstand John G. Lake, dass Jesus der Heiler und dass Satan der gewaltsame Bedrücker ist, und gewann die feste Überzeugung, dass es der Wille Gottes war, überall alle Kranken zu heilen.

Diese Vision führte ihn letzten Endes dazu, die Heilungsräume in Spokane in Washington zu gründen, und es war eine ähnliche Vision, die uns achtzig Jahre später bewog, die Räume wieder zu eröffnen. Wir danken Gott für gesalbte Männer wie John G. Lake, die für diese Erweckung den Weg bereiteten. Aber vor allem danken wir Gott, dass er sich nicht verändert hat. Er ist der gleiche:

> *Jesus Christus gestern und heute und derselbe auch in Ewigkeit* (Hebräer 13,8).

Diese Wahrheit wird auch durch die Heilungswunder bestätigt, die der Herr in den neu eröffneten Heilungsräumen in Spokane und an allen Orten tut, wo Männer und Frauen des Glaubens ihn durch ihr Leben wirken lassen.

Zum Abschluss möchte ich Ihnen noch ein weiteres Zeugnis von der großen Heilungskraft Gottes erzählen: Erst kürzlich kam eine Frau namens Linda Davies zu uns in die Heilungsräume. Linda war in Spokane aufgewachsen, und ihre Familie lebt immer noch hier. Als junge Erwachsene war sie nach Fort Worth in Texas gezogen, wo sie dann fünfundzwanzig ihrer einundvierzig Jahre an Drogen und Alkohol gebunden verbrachte.

Im Herbst des Jahres 2000 wurde ihre Gesundheit zusehends schlechter. Sie erfuhr, dass sie HIV-positiv war. Der Arzt schlug ihr vor, nach Spokane zurückzukehren, um den Rest ihres Lebens bei ihrer Familie zu verbringen.

Durch all diese Dinge fand Linda zu Jesus als ihrem Herrn und Retter und wurde von Drogen und Alkohol befreit. Dann hörte sie von den Heilungsräumen und wollte, dass wir für sie beten. Fünf Monate lang kam sie jeden Donnerstag zum Gebet.

Als sie anfangs zu uns kam, hatte Linda (wie sie es ausdrückte) fünfunddreißigtausend Teile HIV in ihrem Blut. Aber nach fünf Monaten fühlte sie sich so gut, dass sie zu ihrem Arzt ging und um einen Bluttest bat. Sie war überzeugt, dass der Herr sie geheilt hatte. Zum großen Erstaunen des Arztes konnte in ihrem Blut kein HIV mehr nachgewiesen werden.

Preist den Herrn! Linda hat inzwischen unseren Trainingskurs absolviert und gibt jetzt anderen weiter, was Gott an ihr getan hat.

Ich danke dem Herrn, dass er mir mein Leben genommen und mir dafür sein Leben geschenkt hat. Es ist für mich eine große Freude zu sehen, dass Menschen wie Linda jedes Opfer wert sind.

Adresse des Dienstes:

Cal Pierce
Healing Rooms Ministries
Room 340, The Rookery Building
14 N. Howard Street
Spokane, Washington 99201
USA

Tel. 001-509-456-0517
www.healingrooms.com

Weitere Produkte von GloryWorld-Medien

„Kirche nach dem Herzen Gottes“

Elaine C. Bonn, Das Brot der Kinder

Gottes Gabe der Heilung empfangen und weitergeben

190 Seiten, Paperback, ISBN 3-936322-02-3

Will Gott auch heute noch alle Krankheiten heilen? Wie können wir selbst Heilung empfangen? Wie können wir für andere um Heilung bitten?

Elaine Bonn legt mit diesem Buch die biblische Grundlage für all diese Fragen und Themen. Ihr Anliegen ist es, uns ein gesundes Fundament zum Thema Heilung an die Hand zu geben und uns zu helfen, die Theorie als Einzelne und im Team in die Praxis umzusetzen.

Durch die eigene Not war Elaine schon als Kind mit diesen Fragen konfrontiert. Später befasste sie sich zusammen mit ihrem Mann intensiv mit dem, was die Bibel über Heilung lehrt. Seit über 30 Jahren stehen sie nun gemeinsam im Heilungsdienst.

1999 gründete Elaine die Heilungsräume von Minnesota und bildete die entsprechenden Heilungsteams aus. Heute sind sie und ihr Mann damit beschäftigt, in ihrer Region weitere Heilungsräume zu gründen und Mitarbeiter zu schulen. Sie arbeiten mit Cal Pierce und der Internationalen Vereinigung für Heilungsräume in Spokane/USA zusammen.

Dieses Buch ist eine Zusammenfassung ihrer Erkenntnisse und praktischen Erfahrungen, eine Art Handbuch zum Thema Heilung empfangen und weitergeben, das sie in der Ausbildung ihrer Mitarbeiter verwenden.

Elaine Bonn ist ein Pionier in der derzeitigen Heilungsbewegung. Seit vielen Jahren lehrt sie über Heilung und betet für die Kranken. Dieses Buch ist deshalb ein Muss für alle, die eine gesunde Grundlage für Heilung haben wollen und anderen im Heilungsdienst dienen wollen. Cal Pierce, Leiter der Heilungsräume in Spokane/USA

Jim Montgomery, Lass dein Licht leuchten

Wie Jesus zu unseren Nachbarn kommt

140 Seiten, Paperback, ISBN 3-936322-01-5

Wie können wir – auch oder gerade in unserer postmodernen nachchristlichen Kultur – anderen Menschen Christus bringen? Wie können wir unseren Nachbarn das Licht Jesu so bringen, dass sie „Lust“ auf den Glauben bekommen?

Weltweit breitet sich die „Lighthouse“-Bewegung wie ein Lauffeuer aus. Immer mehr Christen fangen an, ihre Nachbarn, ihre direkte Umgebung als Auftrag zu sehen. Sie wollen gerade dort ein Licht sein, wo sie wohnen und sich an die Menschen hingeben, unter die Gott sie gestellt hat. Genau um dieses Anliegen geht es in diesem Buch. Jim Montgomery zeigt Schritte auf, wie jeder Christ seine Nachbarn unkompliziert, konkret und natürlich mit dem Evangelium erreichen kann. Dabei greift er auf das Beispiel Jesu und seine eigenen praktischen Erfahrungen zurück.

Die Strategie der „Leuchthäuser“ ist eine der einfachsten und wirksamsten Strategien, die ich kenne, um die Menschen in unserer Umgebung mit dem Evangelium zu erreichen. Dieses Buch gibt sehr klare Anweisungen, wie wir dies in die Tat umsetzen können. Bill Bright, Campus für Christus